APRENDIENDO A VIVIR
MANUAL CONTRA EL ABURRIMIENTO Y LA PRISA

Esperanza Borús

APRENDIENDO A VIVIR
MANUAL CONTRA EL ABURRIMIENTO Y LA PRISA

4

Crecimiento personal
COLECCIÓN

Serendipity

Desclée De Brouwer

Printed in Spain
ISBN: 84-330-1151-0
Depósito Legal: BI-641-96
Fotocomposición: Zeta, S.L.
Impresión: Grafo, S.A.

ÍNDICE

A Cristina y Macarena, con las cuales saldó la vida
su deuda de amor.

A Ángel, mi eterno compañero.

A Álvaro, el niño cósmico.

A Alfredo y a su pájaro mecánico, en agradecimiento

INTRODUCCIÓN

Este libro no es un libro de lectura. Ni siquiera un libro de lectura reposada. Este libro es como unos zapatos. Como unos zapatos, para ser usado, para caminar con él, para hacer un largo recorrido, tan largo como uno desee hacerlo.

Este pequeño librito es la exposición escrita de un trabajo interior de muchos años. Fue algo que después de un tiempo compartí con amigos, con alumnos, con muchos, muchos seres humanos. Muchas alegrías están detrás de esta experiencia vital, de esa aventura indescriptible que supone acercarse a la vida y descubrirse uno mismo en ella.

Este libro no tiene la pretensión de convertirse en un método, una disciplina a la que uno deba agarrarse como a una tabla de salvación, pero puede ser un buen amigo, que acompaña y sabe retirarse a tiempo; que anima e invita a compartir la aventura de vivir y después te deja solo, con tu propio sabor.

El último capítulo de este libro no está escrito. Está en el viento, allí mismo donde se dice que el Espíritu anda soplando.

1

INVITACIÓN A LA FELICIDAD

La naturaleza de Buda no es monopolio del Budismo, ni el Atman está reservado al Induismo, ni Cristo vivo en nosotros es un privilegio cristiano. La experiencia del SER y el camino que conduce a él son la base viva de todo sentimiento religioso.[1]

---

1. K. Graf Dürckheim. «Meditar. Por qué y cómo». Mensajero. Bilbao, 1982.

Desear estar bien no parece un propósito ambicioso sino una cuestión básica, lo mínimo que debe darse en cada existencia y de manera gratuita, sin demasiado esfuerzo. Si en lugar de «estar bien», lo que se pretende es llegar a ser un hombre rico, adquirir poder y prestigio o alcanzar el éxito, se entenderá de antemano que ninguna de estas cosas puede obtenerse sin una cierta dosis de buena suerte, largas horas de dedicación y aprendizaje, sacrificio y esfuerzo mantenido. Tampoco, por otra parte, uno se sorprenderá del fracaso si éste llega, pues forma parte del conjunto del juego.

Pero «estar bien» parece completamente natural y algo a lo cual tenemos perfecto derecho, un asunto tan primario como puede ser respirar o comer y beber cuando se tiene hambre y sed. De modo que no llegamos a entender fácilmente qué es lo que nos está sucediendo cuando nos sentimos deprimidos sin causa aparente, cuando no conciliamos bien el sueño, cuando perdemos el interés por las cosas que antes nos atraían, o simplemente cuando estamos descontentos. Entonces solemos rebelarnos, bien porque externamente nada marcha como debiera o bien porque nosotros mismos hemos perdido capacidad para resolver adecuadamente nuestros problemas. Es así que nos encontramos confusos y contrariados, sin un propósito definido, tratando en vano de racionalizar sobre el mal estado que padecemos.

Si damos un repaso a nuestras vidas, tomándonos tiempo para reflexionar sobre el curso de los acontecimientos, nos damos cuenta de que, en efecto, hemos conseguido algunos logros y resultados positivos y de que hemos sorteado multitud de obstáculos. Tenemos algunas cosas que anhelábamos y en el presente es posible que hasta disfrutemos de buena posición económica, un hogar confortable, un título académico o cualificación profesional de lo que podamos sentirnos orgullosos. Sin embargo, todo ello no ha venido acompañado, como era de esperar, del necesario y tan preciado bienestar físico y psíquico de la persona.

He aquí, pues, que nos encontramos, al parecer, con el asunto más difícil. Esto es, la cuestión de cómo alcanzar la

felicidad o, si se prefiere, el simple y sencillo bienestar personal. Algo que la mayoría de las veces parece inalcanzable, y que únicamente se da en fugaces momentos, escurridizos y aleatorios, que de vez en vez se presentan en la vida, proporcionándonos algún respiro.

Cuando tenemos la suerte de ser alcanzados por estos felices aunque inusuales estados, tenemos la íntima sensación de habernos reconciliado al fin con la vida y nos sentimos también en paz con nosotros mismos. Pero éstos son instantes preciosos que no se dejan atrapar, que se escapan igual que el agua entre las manos. Claro que pocos son los que imaginan que a la consecución de la felicidad, hubiera que dedicarle, como a cualquier otro oficio o tarea, tiempo y cuidados especiales, en lugar de pretender, ingenuamente, que se nos dé con absoluta gratuidad, incluso a pesar de nuestros graves errores, como un regalo bien merecido.

Por eso el ser humano se sorprende cuando no es feliz. Protesta y se irrita, patalea frente a su destino, considerando que la vida le trata injustamente. Pero luego no hace nada efectivo para remediar su estado, y si hace algo, es complicarlo todavía más. Cuando, por ejemplo, se interroga sobre las razones de su insatisfacción vital, encuentra que el mal siempre está en torno suyo, nunca en sí mismo. Entretenido de esta forma, persiguiendo pistas falsas y librando un combate que no es el suyo, se arriesga a perder definitivamente de vista el origen real de su conflicto.

Cuando pasan los años y no logra el resultado apetecido, la persona va descorazonándose y al fin se rinde. Empieza a mirar la vida como un asunto aburrido, poco interesante y desde luego incómodo. A menudo adopta una actitud hostil o empieza a resignarse aceptando con pasividad que este mundo no es más que un valle de lágrimas, tal como le decían cuando era un niño. Puede también que multiplique sus ocupaciones con el fin de evadirse o se emborrachará y distraerá de mil maneras posibles, apoyándose en la brevedad de la existencia. Algunos sujetos terminan adoptando un tono moralista, haciendo del deber una máxima rígida con la que

justificar su fracaso vital. Otros gimotean constantemente salpicando con sus quejas a quien se encuentren o incluso pueden llegar a enfermar en busca de un beneficio poco confesable. Y luego están aquellos otros especímenes que abiertamente se dedican a fastidiar a su prójimo, pues éste se merece cuanto menos la misma dosis de desgracia que uno ha sabido acumular.

En buen número de seres humanos esta actitud pesimista se toma muy tempranamente, en los primeros años de vida, pues los mensajes recibidos durante la infancia son especialmente significativos y pueden orientar hacia el infortunio de manera muchas veces irreparable. Casi nunca, luego, en la edad adulta, tiene uno la oportunidad de revisar lo aprendido y de tomar contacto con una visión más refrescante de la existencia que le permita enderezar su trayectoria. Sentencias, cientos de veces repetidas como...«Vas a terminar mal», «Eres un perfecto inútil», «La vida no vale la pena», etc., pueden llegar a grabarse de tal modo en la conciencia del niño que el sujeto quede definitivamente encaminado hacia el fracaso y la desdicha, permaneciendo fiel toda su vida a las consignas que recibió.

Los seres humanos se mueven dentro de los estrechos márgenes que la sociedad les permite, de manera que la posibilidad de crear respuestas y conductas nuevas, es muy limitada. Y aunque es cierto que la humanidad ha tenido grandes hombres en todas las épocas de la historia, hombres sabios, verdaderamente libres y que vivieron y pensaron de modo diferente a sus contemporáneos, encontramos que sus enseñanzas se guardaron con celo o por simple ignorancia, o bien fueron convertidas en contenidos filosófico-morales, desconocidos por la mayoría y sólo teóricamente estudiados por unos pocos que no llegaron nunca a alcanzar el nivel de comprensión ni de SER que ellos habían tenido, de modo que fueron incapaces de trasmitir su mensaje.

En nuestros días nos encontramos con que los profesionales de la salud mental, psicólogos y psiquiatras, orientadores familiares etc., junto con buena parte del clero y ministros de

las diferentes iglesias, autoridades religiosas..., en mayor o menor medida sufren ellos mismos los males que aquejan al resto de los mortales. Como consecuencia es natural su desinterés por «la felicidad», pues no la conocen. Cuando, por ejemplo, un hombre considerado «religioso», nos habla de la felicidad, nunca se referirá a ella como si de una experiencia viva se tratara, sino que la presentará como una promesa de futuro que resulte un consuelo para nuestro mediocre presente. Por su parte, psicólogos y demás especialistas, en su gran mayoría, se limitarán a acomodar nuestra conducta al medio social o nos ayudarán hasta alcanzar el rendimiento laboral necesario para la supervivencia. Nos permitirán superar alguna molesta fobia, o salir de un estado depresivo intenso o a desenterrar viejos fantasmas inconscientes mediante la introspección y el análisis.

Y no cabe duda que todo ello viene a producir alivio en una situación atormentada, y es justo y deseable que así se haga. Pero una vez que el ser humano logre cierto equilibrio psicológico y se encuentren cubiertas sus necesidades básicas de alimento, sueño, autoestima, etc., puede llegar a hacerse presente en el hombre una profunda e indefinible «nostalgia» que nos da la verdadera medida de lo que somos como seres humanos completos. Esta nostalgia, mucho más frecuente de lo que puede parecer, si se la ignora y desatiende, termina siendo tragada por la corriente de la vida y es olvidada del todo. Aunque por fortuna, la nostalgia de SER, que no es sino la dimensión espiritual del hombre, insiste y llama a su puerta, reaparece una y otra vez, incluso en forma de angustia profunda, como una llamada de LA VIDA en nosotros.

A. Maslow, psicólogo más interesado en los aspectos de crecimiento humano y de autorrealización que en las diferentes psicopatologías, señala que «*Las necesidades básicas y las metanecesidades tienen la misma característica básica de que se las necesite (de ser necesarias, buenas para la persona), en el sentido de que estar privado de ellas produce enfermedad y disminución, mientras que su ingestión alimenta el crecimiento hacia una condición humana plena (...). La vida espiritual es parte de nues-*

tra vida biológica; es su aspecto supremo, pero sigue siendo parte de ella».[2]

Desde luego, nadie puede dudar que resulta prioritario desde el punto de vista psicológico apretar bien «las tuercas» que se han aflojado en la compleja máquina humana, haciendo que ésta funcione correctamente, porque de no hacerlo así la dimensión espiritual carecerá de una base sólida y hasta puede fácilmente desembocar en delirio y contener elementos malsanos perturbadores. Pero una vez lo básico esté atendido, resulta igualmente necesario, al menos en algunos sujetos, propiciar un desarrollo de su potencial espiritual, y si se les proporciona un cauce, serán ellos mismos quienes lo demanden.

Pero en este punto nos encontramos con una evidente carencia al respecto, pues hasta los denominados «psicólogos traspersonales» se encuentran tan interesados en el intento de hacer una ciencia de «los estados alterados de conciencia», propios de los seres autorrealizados, que se han olvidado quizás de lo más importante, es decir, de propiciar una metodología para una verdadera transformación interior. La psicología transpersonal se interesa demasiado en cotejar los «fenómenos paranormales» que encuentra, pero que pocas veces tienen que ver con lo puramente transpersonal ni con lo espiritual; estudia las ondas cerebrales y su relación con la conciencia, se experimenta con substancias alucinógenas y desde luego tienen abundante información y «retratos» de lo que se ha dado en llamar un ser «autorrealizado». Sin embargo, en la práctica terapéutica, pese a que admiten un estado de salud óptima, se sigue poniendo el acento en lo periférico, es decir, en el desarrollo de las capacidades mentales que conducen al logro de metas, propósitos y proyectos «personales» y no transpersonales, que es aquello que atañe al campo de la verdadera trasformación.

Los místicos de todos los tiempos y que cada tradición religiosa recuerda y consagra, sí que parecen haber alcanzado

---

2. «La vida valorativa: raices biológicas. Más allá del ego». Kairós. Barcelona, 1982.

en vida un elevado grado de beatitud, lo que traducido a un lenguaje laico significa un estado de dicha, de felicidad inalterable y constante. Sabemos, por ejemplo, de su enorme disposición para la alegría, su sorprendente energía (pasan días sin comer o dormir) y de su invulnerabilidad ante el sufrimiento físico y moral. Pero desgraciadamente no tenemos sus recetas o nos es difícil interpretarlas. Sólo conocemos su entrega amorosa a Dios, su disponibilidad total a lo Superior. Los místicos (o los santos), fueron siempre considerados como seres absolutamente especiales que nada tienen que ver con el hombre de la calle. Se describen de tal modo que nos parecen lejanos, como si estuvieran hechos de otro material. También se nos presentan de espaldas a los pequeños o grandes placeres de la existencia: castos, obedientes y envueltos en suma pobreza, privados incluso de la posesión más preciada para el hombre, la propia identidad personal, su ego, que ellos buscarán diluir hasta el anonadamiento en otra REALIDAD, suprema y desbordante, LA REALIDAD DE DIOS.

De este modo, se sospecha que los místicos representan un peligro cierto para nuestros mortales logros, pues vienen a romper los esquemas personales y sociales, lo que constituye motivo suficiente para que hayan quedado sistemáticamente relegados en lo sustancial, la plenitud de vida y su experiencia interior, pasando a ser empleados por el cuerpo «político-social-religioso» como dispensadores de favores o modelo de algunas virtudes, mas sin permitirles comprometer seriamente el orden establecido.

¿Qué hacer, pues, con el fin de erradicar definitivamente el sufrimiento, no sólo el sufrimiento insoportable, patológico o profundamente perturbador, sino toda clase de sufrimiento, de dolor añadido a la vida, ese sufrimiento pasivamente aceptado y que se da por hecho como inevitable? ¿Y qué hacer, por otra parte con ese vacío existencial, qué hacer con ese profundo e indefinible anhelo de SER?

Cuando se ha hecho anteriormente referencia a «falsas soluciones», que el hombre emprende para escapar de su

sufrimiento, sobre todo se estaba aludiendo a aquellas soluciones que se encuentran en el medio externo en que el individuo se mueve. Cuando alguien se plantea la búsqueda del bienestar, suele poner el acento en su mundo exterior, imaginando que el origen del dolor está fuera de uno mismo, y esperando así que lo exterior se arregle para poder empezar a sentirme mejor.

Pero lo exterior nunca está a mi gusto, los tropiezos y las dificultades se suceden, la gente es desconsiderada e ingrata, las condiciones de trabajo desfavorables, etc. De modo que yo voy a tener de por vida una excelente disculpa para seguir retrasando indefinidamente la solución que como individuo me compete.

Únicamente si alcanzo a vislumbrar que soy yo mismo la pieza clave de todo el conflicto que padezco, que soy incluso quien lo crea, mantiene y alimenta, es cuando podré al fin dar comienzo a la tarea del cambio, pues la nueva comprensión me encaminará hacia un trabajo interior responsable. He de reflexionar con calma sobre el contenido de este «yo» que afirmo ser, revisando con sumo cuidado las ideas adquiridas sobre las cosas y la particular interpretación de mí mismo y el mundo. He de observar también comportamientos, estados emocionales, atracciones y repulsiones de la personalidad. Debo observar, sin asustarme, la enmarañada, confusa y contradictoria madeja de creencias y costumbres con las que he ido tejiendo mi conflicto existencial y mi amargura. Si hago todo este trabajo con constancia y con una cierta dosis de sentido del humor, muchas terribles y tremendas cosas se irán desmoronando dejándome más libre y en un momento me será posible sentir la vida de modo diferente, y algo nuevo, muy hermoso, puede sin duda aparecer.

Y no es con grandes esfuerzos con lo que esto se logrará, sino despertando lentamente con la atención mi conciencia adormecida y condicionada. Constantes pequeños esfuerzos para mirar a fondo la vida, mi propia vida y los reflejos que la mueven. Esta es la clave, muy semejante al *no hacer* del que nos hablan los maestros taoistas:

*Sin obrar la gente se reforma. Sin violencia la gente
se vuelve honesta. No empleo la fuerza y la gente se
enriquece. No poseo ambiciones ni deseos y la gente
retorna a la vida buena y sencilla.*

En una ocasión un telediario dió una noticia insólita. Sucedió durante un invierno muy seco y con temperaturas altas, impropias de la época. No llovía desde hacía mucho tiempo, lo que en muchos lugares comenzaba a plantear serios problemas. En cierta región de Oriente Medio, donde se padecía la situación con extremo rigor y sus habitantes esperaban las lluvias desde hacía meses, sucedió algo verdaderamente extraño, inexplicable... Un día, tan seco y caluroso como los demás, un viejo árbol situado en medio de la ciudad, sorprendentemente apareció una mañana completamente nevado. Desde luego los termómetros no habían registrado una bajada de las temperaturas y ni una sola gota de agua o nieve habían caído en ningún otro lugar.

La nieve había caído dulcemente sobre la copa de aquel hermoso árbol y únicamente sobre él y sobre el radio de unos metros alrededor de su tronco, cubriendo pródigamente sus raíces. Las bendiciones del cielo descendieron sobre el árbol en demanda de su anhelo de vida, dándole el amor y la protección necesarias. Aquel viejo y frondoso árbol, en el centro de la ciudad, quieto y silencioso, cumpliendo internamente con las leyes de su naturaleza vegetal, atrajo para sí el agua que necesitaba.

Y del mismo modo que el árbol, seguramente los seres humanos recibiríamos de lo alto y en todo momento la ayuda necesaria, si fuéramos fieles a nuestra naturaleza y a nuestro destino en lugar de correr como niños enloquecidos detrás de las cuentas de colores de las ilusiones que nos forjamos.

Posiblemente entonces los cielos se abrirían sobre nuestras cabezas otorgándonos bendiciones sin fin.

Como consecuencia del estado de ignorancia que padece, así como de todas las falsas ideas que tiene sobre la vida y sobre sí mismo, el ser humano parece completamente inhábil

para el logro de la felicidad. Tanto es así, que niega que ella sea posible, únicamente porque es incapaz de gustar su sabor. Y del mismo modo que, en la fábula, la astuta zorra consideró que las uvas no estaban aún maduras, el hombre infeliz considera esa felicidad que él no puede alcanzar como un cebo para pobres incautos. Y justo es hacer notar que tenemos demasiadas ideas románticas sobre las cosas y que uno puede asociar la felicidad a meras satisfacciones personales pasajeras o a estados de euforia que carecen de base real.

Evitando caer en viejos tópicos y sin ideas preconcebidas, es decir, en lo posible con una mirada libre de prejuicios, vamos a tratar de aventurarnos en una investigación seria en la cual quede comprometida mi vida, lo que SOY y lo que NECESITO para ser feliz. Porque hablar de felicidad es tanto como hablar de lo que uno «es» en esencia. Es decir, no son dos cosas distintas, la una conocer lo que soy, la otra conocer lo que me hace feliz, pues en la medida en que me aproximo a mi naturaleza real y comienzo a vivir y a expresarme desde ella, la felicidad aparece.

Es necesario, asimismo, dejar de lado la objeción constante de que nos encontramos frente una especie de utopía, por que ello sólo desalienta la búsqueda y produce una inicial pereza que nos fija en nuestro actual estado. Se ha hecho ver que la felicidad es algo inalcanzable, un sueño que entretiene al hombre tonto; pero por desgracia, casi nadie intenta ser feliz. Y cuando lo hace, es a expensas de su ser. Luchamos por muchas cosas creyendo que ellas nos darán la felicidad. Pero ya lo hemos dicho: nada que venga de fuera será real y duradero. Nada que venga de fuera puede colmarnos. La felicidad es un estado interno, de libertad y plenitud que se presenta cuando el hombre se conoce a sí mismo.

2

LA RESPIRACIÓN

La respiración es una expresión de la alegría; no respires, más bien, déjate respirar. entonces experimentarás que la respiración no es más que alegría.

(Jean Klein).

Puede que no te hayas dado cuenta, pero en este mismo momento estás respirando. En este preciso instante, ello, la respiración, está sucediendo en ti. Todo sin esfuerzo, ni voluntad por tu parte. Y es que andas tan sumergido en los pequeños problemas cotidianos, tan inquieto y preocupado resolviendo negocios importantes, que hace mucho tiempo que te has olvidado de agradecer la presencia constante y amorosa de la vida en ti. He aquí pues, una experiencia extraordinaria. ESTOY VIVO Y RESPIRO... Absolutamente cierto. No es algo que ahora me esté imaginando. Silenciosamente y en cada latido, LA VIDA SE ESTÁ HACIENDO PRESENTE.

Olvídate siquiera por unos momentos de tus muchos quehaceres y preocupaciones, de tus necesidades reales o imaginadas y presta atención unicamente a tu respiración. De esta manera, sin proponértelo, vas a ir recuperando la calma, te vas a sentir de nuevo en el hogar. Observa la comunicación que a través de la respiración estableces con toda cosa viviente. Con su ayuda encontrarás de nuevo la armonía que creías haber perdido.

Aprende a respirar. Aprende a vivir. Cada vez que te lo puedas permitir, siéntate tranquilo a escuchar y sentir cómo respiras. No es necesario que te sometas a duras disciplinas, ni que respires según algún extraño método. Todo lo contrario. Mantente pasivo y permite que la inteligente naturaleza se ocupe de tu respiración. Tú pon únicamente toda tu atención y afecto en el ritmo de la vida en ti. Al poco irás notando que la respiración se ha hecho más profunda, más amplia, más lenta.

No hagas demasiado caso de los pensamientos que puedan aparecer; déjalos pasar sin más, sin ir tras ellos. Si se obstinan en permanecer contigo, no luches ni te enfrentes. Contémplalos mientras sigues respirando. No hagas ninguna inhalación violenta, como si quisieras llevarte todo el oxígeno de la sala. Más bien debes entregar primero todo el aire retenido en los pulmones. Comienza siempre, pues, con una larga expiración y entonces la inspiración vendrá a ti según haya sido tu entrega y te dejará colmado. Porque dar y recibir se relacionan entrañablemente.

Así que expira largamente. Suelta todo el aire, pero sobre todo, no olvides soltarte tú mismo en cada expiración. Abandónate y confía. Deja que las muchas tensiones acumuladas se disuelvan con cada respiración. Permite que la respiración te vaya liberando de todas las crispaciones corporales y de la agitación y nerviosismo de la mente.

Da con todo tu corazón la bienvenida a la vida y sumérgete sin más en ella. La inspiración es el tiempo de recibir, tiempo para abrirse y experimentar la gozosa expansión del cuerpo en el espacio. Ve tomando conciencia lentamente de lo que acontece, tanto en el nivel físico como en el mental. Explora la sensación corporal de apertura y entrégate a ella. Permanece muy quedo, con tu atención despierta, A LA ESCUCHA DE LA VIDA.

La respiración nos va a traer, en un momento dado, el recuerdo sagrado de lo que SOMOS. Ella nos conducirá de nuevo a aquel lugar secreto y tranquilo en uno mismo, que es fuente de toda felicidad. Te darás cuenta como la respiración consciente es un paso hacia la vida interior y como más adelante, esa vida interior se conectará, misteriosamente, haciendose UNA con lo que llamamos vida exterior.

Aunque dediques formalmente algunos minutos cada día a esta práctica, no te olvides el resto de la jornada de este hecho sencillo pero vital: siente que estas respirando. Observa quietamente como la respiración está sucediendo en ti. Recuerda esto a menudo y pon al mismo tiempo tu atención en la sensación que tienes en los pies. A través de tus pies, la tierra viva se comunica contigo y tú te comunicas con ella. Ellos te librarán en muchas ocasiones de tu mente confusa y atiborrada de ideas.

Los pies son tu presente vivo. El AQUÍ y AHORA. Ese presente que se te escapa, escurridizo como un pez, está en la experiencia de tus pies. Ellos te dicen la verdad, QUE ESTÁS AQUÍ. Su realidad sentida (no imaginada) te recuerda amablemente que no te entretengas más con las torturantes ideas sobre el pasado ni con preocupaciones sobre el futuro. Gracias a tus pies puedes hacerte más fuerte. Con el tiempo des-

cubrirás que muchos de tus males son imaginarios y entonces dejarán de atormentarte. Desaparecerán como fantasmas pues no eran reales. La conciencia de los pies junto con tu respiración tranquila te situarán un pasito atrás y un pasito por encima de cada suceso de la vida, no permitiendo que te identifiques y recorras la existencia como una hoja a merced del viento.

No es al año que viene, ni mañana, ni cuando mis circunstancias cambien. HE AQUÍ EL PRESENTE, el único lugar posible, el único tiempo posible para trabajar sobre mí mismo. AQUÍ Y AHORA es el tiempo y momento para comenzar a mirar, a sentir, a experimentar la vida.

Porque si en este mismo momento estamos tristes, desesperanzados, nerviosos o enojados, primero de todo es necesario abrirnos y recibir nuestra tristeza, nuestro enojo, la inquietud que padezcamos. Conocer bien y saber cómo se sienten en el cuerpo todas estas cosas. Las reacciones emocionales internas deben ser recibidas antes de poder ser resueltas. De lo contrario mis males pueden quedar definitivamente encubiertos, creándome una fantasía sobre su resolución.

Esto no supone análisis, comparación o interpretación, escapando de la sensación a través de un proceso de racionalización. La razón es una capacidad humana muy interesante pero a través de ella podemos escapar de la experiencia viva... Así que, de lo que se trata es de algo más sencillo que el discurso mental y sobre todo mucho más liberador. Es el simple hecho de DARSE CUENTA de los diferentes estados y sentimientos que habitan nuestro cuerpo, mas sin pretender nada y sin hacer juicios de valor.

Si mantengo la respiración tranquila, descansando en ella y la observo sin ninguna intención de manipularla, podré luego mirar con calma cuanto ocurra en el mundo exterior a mí y tomar conciencia de la forma en que internamente reacciono a los estímulos que recibo. De este modo, activamente pasivo, quedamos en mejores condiciones para una acción libre, creativa. No seremos tan facilmente dañados internamente y nuestra inteligencia estará más despierta.

Esta actitud de apertura es la que nos interesa practicar de modo muy especial, ya que el conjunto de ordenes mentales que solemos darnos no hacen sino empeorar la situación añadiendo más violencia. Siempre es preferible EXPLORAR CÓMO ESTAMOS Y CÓMO NOS SENTIMOS, tanto en el plano físico como en el psicológico.

Si simplemente efectúas alguna respiración más profunda, con un ritmo lento y consciente, se va a producir un alivio inmediato en las tensiones almacenadas sin que hayamos hecho ningún intento por escapar de ellas. Pronto encontraremos qué clase de pensamiento o pensamientos las originaban (casi siempre de temor), y cómo el mismo pensamiento que origina una tensión, pretende luego fijarla en el cuerpo. Mas cuando la mente está abierta y se vuelve receptiva, la energía deja de fijarse en el conflicto y el cuerpo se va quedando libre y feliz.

En el camino de la AUTORREALIZACIÓN, el cuerpo está invitado a la experiencia. Sin duda, se volverá más sano, más joven y más bello. Por eso, y debido al estado de extrema crispación que padece, es preciso hacer un trabajo cuidadoso de relajación. La relajación es el estado natural del hombre o el animal cuando no se requiere esfuerzo muscular alguno, pero debido a los malos hábitos de vida, puede llevar un tiempo aprender la técnica y tomar una actitud adecuada. Por otra parte, la relajación constituye el umbral de la vida interior, el principio que ha de conducir al orden y armonía interiores.

La RELAJACIÓN es sobre todo una actitud vital; aunque su práctica sistemática resulte muy recomendable. En los siguientes capítulos se irá viendo en qué consiste o de qué manera puede darse en la vida esta actitud relajada, de confianza y tranquilidad, como respuesta a los problemas de la existencia; a los retos que cada día se presentan. No para eludir cómodamente responsabilidades y decisiones, sino para evitarnos, en lo posible, buena parte de inútil sufrimiento.

3

LA RELAJACIÓN Y LA VIDA COTIDIANA

*Sé feliz siempre que puedas
y verás que casi siempre
puedes ser feliz.*

Aunque en el capitulo siguiente se explicará con detenimiento en qué consiste la relajación como ejercicio indepen-
diente, es decir, como ejercicio que se da en un tiempo
determinado especialmente reservado para ese fin, es preciso
tener presente que si el hombre no alcanza a llevar a su vida
una actitud distendida, poco habrá conseguido. De manera
que habremos de tener presente que es posible estar bien y
tener muchos buenos momentos durante la jornada.

Sin embargo, hay que advertir que es necesario dar cadadía
a la RELAJACIÓN un tiempo aparte, aunque al comienzo este
tiempo puede resultar para algunas personas una carga pesada. Y es que nuestra sociedad occidental, la cultura en la que
estamos inmersos y que tantos admiramos, nos educa para el
progreso y como consecuencia, para la acción. De manera que
el hecho de estar permanentemente ocupados hace que nos
sintamos importantes y tranquiliza las conciencias. Debido a
esta especie de fiebre azarosa, el ocio se ha convertido en un
asunto bastante complejo, porque lo que conocemos como
«tiempo de ocio» puede estar tan perfectamente planificado
como el mayor de los trabajos, y uno tiene la misma impresión
de laboriosidad que cuando que cuando acude al despacho,
hace la colada o escribe un artículo. En cambio, permanecer sin
hacer nada o sin un ocio bien reglamentado, además de aburrido y de ser una pérdida de tiempo, puede constituir un
grave pecado contra el orden social y por supuesto se considera como un signo de invalidez o de pereza mental.

El simple hecho de permanecer quietos y en silencio, tranquilamente sentados y atentos a la vida, no se entiende ni se
acepta fácilmente. No tiene sentido en un mundo civilizado.
Esto sólo lo hacen los animales y los hombres primitivos, que
todavía son felices. Sin embargo, para la mayoría de las personas supone un auténtico reto y se piensa que esos tiempos
muertos, podrían ser mejor aprovechados para resolver los
asuntos pendientes, ayudar al prójimo o simplemente para
ver la televisión. Así que, muchos sujetos, en lugar de relajarse cuando practican su ejercicio, se mortifican internamente
creyendo que pierden su precioso tiempo, y miran constante-

mente el reloj y se agitan nerviosos hasta que, en la primera oportunidad, escapan de su silla para hacer cualquier otra cosa más interesante.

Con el tiempo, y a medida que la persona cambia su manera de ver la vida, termina acudiendo a esos momentos que reservamos para la relajación con verdadero gozo, pues la experiencia le llena completamente. Entonces se es fiel a la cita porque supone un encuentro consigo mismo. Son momentos de soledad de los que se obtiene un gusto especial.

Cuando el cuerpo se ha distendido y la mente permanece quieta, entonces aflora la verdadera naturaleza del hombre. Una vez que las tensiones han desaparecido, el cuerpo tiene una sensación de transparencia y de expansión, mientras que la mente se encuentra libre del discurso interno y como consecuencia en perfecto equilibrio.

Es entonces cuando la RELAJACIÓN se convierte en MEDITACIÓN.

> *Al ser abandonada al silencio, la mente experimenta una transformación. Ya no es un instrumento egocentrado que racionaliza y justifica sin descanso la conducta mecánica. En la quietud, el intelecto se ilumina. La transmutación alcanza cada rincón de tu ser, todos los impulsos oscuros. Cuando esto sucede, un nuevo ser humano ha nacido.*[1]

Si las tensiones se relacionan estrechamente con la enfermedad y con la falta de armonía en la persona, la relajación, por el contrario, favorece la salud y hace que la vida interior crezca. Efectivamente, la relajación siempre aporta mayor bienestar y energía y aún en el caso extremo de enfermedades irreversibles o procesos graves, siempre proporciona un alivio considerable. Este aspecto práctico de la relajación sería suficiente por sí sólo para animarnos a su práctica, si es que de manera natural y con gusto no nos sentimos especialmente atraidos por la quietud.

---

1. Jean Klein. La Mirada Inocente. Obelisco. Barcelona, 1987.

Habitualmente el hombre responde ante las dificultades de la vida creando nuevas tensiones, lo cual sólo hace añadir más sufrimiento al ya existente. Y no cabe duda de que, un cuerpo que ha adquirido el hábito de acumular y fijar tensiones; un cuerpo enfermo y deformado, o cuanto menos predispuesto a la desarmonía y al desequilibrio de todas sus funciones. Al mismo tiempo hay que hacer notar que cuando existe tensión exagerada, como por ejemplo un esfuerzo mal dirigido por concentrarse en la lectura o en el estudio, la mente pierde flexibilidad y termina bloqueándose. Es una mente a la que le falta el necesario espacio psicológico, carente de amplitud. Pero cuando al fin el cuerpo abandona sus tensiones, la salud se restablece y la mente deviene más lúcida, más atenta y despierta. De modo que la práctica de la relajación incide, no solamente en el bienestar de nuestro cuerpo, sino que de inmediato se percibe un resultado positivo en lo psicológico, en un aumento de la creatividad y las capacidades intelectuales.

¿Nos hemos dado cuenta del modo en que nos enfrentamos a los problemas cotidianos? Solemos hacer siempre lo mismo. Se urga en la memoria como en un armario, se busca la receta, la idea salvadora, el consejo o la experiencia del pasado. Y según eso se toma una decisión, de entre todas las cosas muertas del que el archivo de la memoria dispone. Es así como los seres humanos escapamos de la vida, cercándola con nuestros pensamientos del pasado. A este respecto, nos dice J. Krishnamurti:

> *El pensamiento, por sublime o trivial que sea, siempre es fragmentario y divisivo, porque se deriva de la memoria. Todas nuestras acciones se basan en el pensamiento; por lo tanto, toda esta acción es limitada, fragmentaria e incompleta... cualquier acción que nace de ese pensamiento, tiene que originar conflicto.*

DARSE CUENTA de cómo estamos resulta mucho más interesante que ponerse a pensar sobre lo que nos pasa o la manera en que nos encontramos. Se trata de ir registrando EN

VIVO todas aquellas cosas que nos alegran o nos molestan, inquietan etc., así como del lugar en que las alteraciones quedan reflejadas en el cuerpo. Por ejemplo como sentimos la mandíbula, la nuca o el pecho cuando nos sentimos agredidos. Varias veces a lo largo del día recuerda esto y observa cómo te sientes. Después, aligera tu carga con ayuda de la SIEMPRE-PRESENTE-RESPIRACIÓN.

Sabemos que un contratiempo, por pequeño que pueda parecer, puede arruinarnos todo el día, ocupando nuestro espacio psicológico. Nos identificamos con algún suceso, con algo que nos dijeron, algo que nos hirió y ahí nos quedamos detenidos sin capacidad para continuar alegremente la vida. Damos vueltas y más vueltas fija nuestra atención en algo que nos pasó y así nos vamos volviendo negativos y atraemos hacia nosotros el cansancio, el mal humor, la depresión y la enfermedad. En lugar de emplear la energía que tenemos en la búsqueda de soluciones inteligentes a los problemas que se nos plantean, nos tensamos inútilmente y alimentamos nuestras variadas formas de negatividad, volviendonos cada vez más rigidos y temerosos.

En adelante, bien podríamos efectuar algún cambio que supusiera una ayuda efectiva vital. Tratemos, pues, de hacer lo contrario de lo que hemos venido haciendo hasta ahora. Por ejemplo, cada vez que me dé cuenta de que un asunto, situación o persona, me están incomodando, centrarme en mi cuerpo haciendo una respiración muy lenta y profunda. En lugar de crisparme interna o externamente, reteniendo el aliento, como es lo habitual, dejemos que el aire nos penetre, sin ofrecer resistencia, permaneciendo atentos a la situación concreta pero tratando de mantenerme, en lo posible, como un espectador no implicado.

Desde luego no hay que empezar a ejercitar este experimento en situaciones difíciles, que en todo caso nos sobrepasan, sino en las menos complicadas. Por ejemplo, una persona está esperando su autobús y después de un par de minutos comienza a impacientarse. O se encuentra frente a una ventanilla esperando su turno y se desespera ante una larga cola

que no ve avanzar. Tal vez alguien cambió de lugar y desordenó nuestras cosas y ahora no encontramos lo que buscamos... Bien, pues todo ello no son más que una pequeña parte de los contratiempos de la vida cotidiana que, sin llegar a causarnos un daño grande, sí tienen en cambio el poder de irritarnos enormemente y dejarnos en muy mal estado. Y son precisamente estas situaciones que a diario se repiten, sobre las que hay que comenzar a actuar y las únicas sobre las cuales, de momento, tenemos algún poder. Así que, a partir de ahora, lo que hasta el momento no era más que un tiempo perdido o una incomodidad, puede llegar a ser fuente de grandes beneficios.

Gurdjieff[2] explicaba en su enseñanza que el hombre obtiene un gusto muy especial de sus emociones negativas, acurrucándose en ellas, en la creencia equivocada de que éstas le protegen. Nada de esto es cierto porque detrás de las emociones negativas sólo hay debilidad, y la negatividad, en cualquier forma que se manifieste, siempre causa un deterioro. No hay que seguir envenenándose más alimentando los estados negativos... ¿Por qué perder nuestra energía en tantos enojos y aflicciones y en tantas tensiones corporales completamente inútiles? Ellas son un peligro cierto para nosotros y hemos de saber que mientras cultivemos en nosotros emociones envenenadas, mezquindades y rencores, no existirá posibilidad de evolución de la Conciencia.

Comienza por familiarizarte con tus estados corporales habituales o inusuales; registra cuantas tensiones puedes encontrar en tu cuerpo, incluso mientras realizas actividades que no requieren apenas esfuerzo. Cuando leemos o vemos la televisión, mientras hablamos por teléfono con un amigo y hasta cuando permanecemos quietos en la cama, es sorprendente la gran cantidad de pequeñas pero desgastantes tensiones que padecemos. Observa cuidadosamente tu mano aferrada al auricular, mira tu cuerpo contraído sobre el mulli-

---

2. Gurdjieff es el creador del Cuarto Camino que preconiza el desarrollo armónico del hombre.

do colchón, siente las tensiones del rostro mientras hablas, escuchas, etc.

Haz lo posible por no seguir manteniendo por más tiempo el mal hábito de la crispación innecesaria. Haz lo que tengas que hacer en tu vida. Dí lo que tengas que decir juiciosamente y sin alterarte, y si crees que es necesario, finge un enfado o diviértete diciendo que NO, pero permítete estar anímica y corporalmente más cómodo y relajado y permítete también algún pequeño descanso en medio de una apresurada jornada. Pero sobre todo, no te entretengas en la rumia constante de quejas, suspiros, temores y padecimientos varios. Ten presente que no puede existir vida interior sin una mente y un cuerpo tranquilos. Ese es el comienzo, lo básico.

Cómo final de este capítulo y cómo ayuda en la práctica propuesta, vamos a dar un ejercicio sencillo pero de gran importancia. Le hemos dado el nombre de LA LLAMADA. Tiene dos partes diferentes y complementarias. La primera consiste en una pequeña relajación. La segunda consiste en una «llamada» a la propia conciencia, en una suerte de despertar interior. Es el recuerdo de lo sagrado. LA LLAMADA invita al hombre a que se detenga unos instantes en medio de sus muchas ocupaciones y abra su corazón a lo Superior. El ejercicio es un antídoto contra la prisa, contra ese gusano que nos corroe, que nos empuja sin dirección definida y que envenena.

> *¿Estáis apresurados? ¡Razón de más para recobraros!*
> *¿Tenéis que hacer? Deteneos o cometeréis alguna torpeza. ¿Debéis preocuparos de los demás?*
> *Razón de más para comenzar por vosotros mismos, para no dañar a los demás.*[3]

Es muy importante no hacer este ejercicio ni ningún otro de los recomendados en los siguientes capítulos, de la manera mecánica con que venimos haciendo el resto de las cosas. Los ejercicios no deben, tampoco, tomarse como preceptos u

---

3. Lanza del Vasto. Apóstol de la no-violencia y discípulo de Gandhi.

obligaciones, lo que no nos conduciría a una mayor conciencia y libertad sino que, por el contrario, acarrearía una mayor rigidez. Aunque siempre hay que contar con hacer el pequeño esfuerzo de dominar nuestra inicial pereza, lo cierto es que los ejercicios no son sino un juego gozoso con la vida.

La Llamada

El ejercicio se realizará tres o cuatro veces al día, durante un minuto aproximadamente. Hay que situarse de pié y con los ojos abiertos. Las rodillas deberán quedar ligeramente flexionadas, de manera que el centro de gravedad de la persona se desplace de la cabeza al vientre (Hara). Los pies siguen la línea de las caderas y la espalda mantendrá cómodamente su verticalidad.

Primera parte

paso uno   Toma conciencia de tu respiración. Si lo precisas, haz alguna respiración más lenta y profunda. Te ayudará a relajarte mejor.

paso dos   Vé aflojando lentamente los músculos faciales, desde la frente hasta el cuello. Haz un recorrido por las sienes, los ojos y cejas. Después, las mejillas, las labios y el interior de la boca. Presta atención a tu mandíbula y no aprietes los dientes.

paso tres   Deja ahora que los hombros desciendan levemente y afloja las muñecas.

paso cuatro   Siente tus pies y el suelo que pisas. Adéntrate con la sensación en la tierra tal como si echaras raices.

Segunda parte

paso cinco   Ahora trata de sentir íntimamente la experiencia de SER. Siéntete a tí mismo en medio del mundo que contemplas.

Explicación ampliada al ejercicio

paso uno	El acento está puesto en la respiración. Comenzamos a recobrarnos con ayuda de la respiración. Es a través de ella como tomamos contacto con la vida. Nos paramos para recibir y agradecer LA VIDA en nosotros. Al menos durante un par de minutos dejamos de lado nuestra mecánica forma de existencia para comenzar a ser un poco más conscientes.
paso dos	La relajación de los pequeños músculos del rostro va a propiciar la relajación general del cuerpo y va a producir sobre todo el descanso de nuestro sobrecargado cerebro. Cuando hablamos, escuchamos, incluso mientras pensamos, entran en actividad un gran número de pequeños músculos que de manera inconsciente producen diferentes tensiones que fijan los estados negativos. Son crispaciones, pequeños tics, que nos pasan completamente desapercibidas. Ellas terminan marcando rictus de amargura, arrugas de expresión y una fría palidez que opera como una máscara que oculta la belleza original del rostro.
Paso tres	Cuidado con la tendencia a mantener elevados los hombros y al estrechamiento general del tronco. Cuando los hombros descienden, aparece un descanso en la espalda, el talle y el vientre. El cuerpo ocupa entonces el sitio que debe en el espacio, no se encoge ni se protege, sino que se busca a sí mismo en el espacio.

Los hombros levantados como si quisieran juntarse uno con otro y los brazos pegados a los costados producen un estrechamiento real en el tórax, impidiendo la respiración y la libre circulación de nuestra energía. De esta manera la

persona cree protegerse de los riesgos de la vida, creando una especie de coraza rígida.

Las muñecas sueltas nos recuerdan que ya no nos agarramos a ninguna cosa. Que estamos libres de deseo o ambición. El cuerpo recobra al fin su alegría natural y se dispone a la apertura y a la expansión.

paso cuarto — Es sobre todo a través de los pies como nos comunicamos con la tierra. Los pies son nuestro presente sagrado. Ellos nos dicen dónde nos encontramos realmente. Y donde están nuestros pies, allí debe encontrarse también el corazón y la mente. No te quedes colgado en ninguna fantasía. Ni el pasado ni el futuro son reales. Deja que tus pies te libren de la incertidumbre sobre el futuro; ni te vayas al pasado a caballo de tu memoria. Siente tus pies, EL AQUÍ Y AHORA y te sentirás a tí mismo.

paso cinco — Este último paso es especialmente importante. Los cuatro anteriores no son sino la preparación para éste. Tu cuerpo ya está relajado. Ahora contemplas en paz el mundo exterior sintiendo que estás en sintonía con él. Todos tus sentidos desplegados te comunican con el mundo que te rodea... los ojos, los oídos, el tacto, los olores, incluso el sabor que tienes en la boca.

Cierra un segundo los ojos y entra ahora dentro de tí, como si buscaras desaparecer en tu interior. Sumérgete en un silencio colmado de vida. No tengas miedo de permanecer contigo mismo. Haz una detención interior y asómate a lo desconocido. Esa es la experiencia más grade que puedas vivir.

Abre los ojos ya y continúa con tus tareas, tratando de consevar contigo el "sabor" de estos momentos el mayor tiempo posible.

4

LA RELAJACIÓN

¿Donde podré alcanzar
la Consciencia verdadera?

¿Podré encontrarla fuera,
en el exterior?

He de buscar internamente
y asomarme a mi propio
corazón

En la actualidad tenemos una gran proliferación de sistemas y métodos de relajación y cada individuo puede decidirse por aquél que más convenga a sus necesidades[1]. No es la intención de este Manual dar un repaso a todos ellos, ni siquiera a los más significativos, porque fundamentalmente nos ocupan consideraciones de caracter psicológico que inciden directamente en los estados de ansiedad, produciendo y originando tensiones que, de no ser resueltas en su origen, tenderán a formarse de nuevo.

Explicaremos, eso sí, una técnica sencilla pero muy completa que pueda adaptarse a todas las necesidades y que respete determinados principios básicos universales. La técnica propuesta se adapta perfectamente a cualquier persona y su efectividad viene refrendada por la experiencia de muchos años. El tipo de relajación que vamos a dar a conocer no tiene ninguna contraindicación, salvo naturalmente en el caso de personas con patologías graves que deberán ser tratadas bajo la particular vigilancia de un profesional de la salud mental.

La relajación exige en primer lugar TIEMPO. Es necesario diponer de diez o quince minutos diarios para su práctica. El TIEMPO en sí nunca es un problema, más bien el problema está en la resistencia que tenemos a quedarnos quietos. «No tener tiempo», es casi siempre nada más que una disculpa, un obstáculo imaginario. Es de gran ayuda programar ese «tiempo» de antemano dentro de nuestro día y tratar de ajustarnos a él en la medida de lo posible. Debemos procurar que tal tiempo no coincida con una digestión pesada ni esperar tampoco hasta el final del día cuando nos encontramos tan cansados que nos vence el sueño y nos quedamos como adormilados. Las mejores horas son las de la mañana y también al atardecer. Al atardecer nos encontramos con una hora mágica que nos invita de manera natural al reposo y a la contemplación. Es el momento de abandonar el trabajo y todos los afanes del día. Es la hora del recogi-

---

1. Otros enfoques de interés: La preparación autogénica del doctor Shultz y la relajación progresiva del doctor Jacobson

miento, de la plenitud y la belleza, que llama al hombre a interiorizarse.

Importa igualmente disponer de un ESPACIO propio mínimo, una habitación en orden y bien ventilada en donde poder permanecer a solas. Si en nuestra casa no encontramos la necesaria tranquilidad, un parque o una Iglesia solitarios pueden ser lugares apropiados para la práctica de la relajación. El que la pieza esté suficientemente aireada –incluso en invierno– resulta excelente para la buena oxigenación celular y pulmonar, porque el aire fresco actua como un bálsamo sobre nuestra mente saturada de preocupaciones y negocios. Todos hemos experimentado alguna vez el alivio al dar un paseo al aire libre después de haber estado durante horas sumergidos en una tarea intelectual o inmediatamente después de una discusión acalorada, donde hemos derrochado toda nuestra energía.

También es importante un cierto ORDEN externo. En medio del desorden y la suciedad no es fácil evocar en uno mismo el orden y la armonía internas. La estancia, pues, deberá estar limpia y en orden. Sin llegar a obsesionarnos, cuidaremos el ambiente para una mejor respuesta de relajación. De igual modo la pieza elegida para hacer nuestro ejercicio de relajación ha de procurarse que no sea la misma donde habitualmente vemos televisión, escuchamos música estruendosa, comemos, bebemos o parloteamos en las reuniones familiares y de amigos. Es preferible, a ser posible, aunque esto no deberá ser nunca un problema, elegir un lugar psicológicamente menos cargado. Puede ser un rincón del dormitorio o una sala o estudio poco concurrido; porque no se trata únicamente de estar «físicamente» solos durante esos minutos, sino que se requiere además la presencia de un cierto silencio ambiental, una atmósfera tranquila que se respira en espacios poco frecuentados o lugares especiales para la oración y el recogimiento.

Podemos optar por dejar la pieza bien iluminada o en penumbra, pero una completa oscuridad no es recomendable. La oscuridad nos lleva fácilmente al sueño y nos aisla del entorno. Y no es ni una cosa ni otra la que buscamos. El tipo de relajación que proponemos significa desde luego descanso

pero con nuestra atención despierta, sin el desgaste adicional que las tensiones producen.

Es también muy conveniente no permanecer con la misma ropa que traemos de la calle o la que hemos destinado a las faenas domésticas, etc. El simple hecho de desprendernos de esa ropa, implica y sugiere, de algún modo, una liberación de orden psicológico, en cuanto nos recuerda que con ella abandonamos también todas las preocupaciones de ese día...tensiones, agresividad, inquietud, que se ha ido acumulando a lo largo de la jornada. Sería algo así como «tomar conciencia» de que al tiempo que nos desprendemos de la ropa que llevamos puesta, nos quitamos de encima la carga emocional, dejándola a un lado.

Así que procederemos a ponernos ropa limpia y cómoda –prendas que no opriman– y abrigaremos bien los pies con calcetines o zapatillas, si es invierno y hace frío, o nos quedaremos descalzos si hace calor, pero nunca con un calzado rígido, que nos impida ser más sensibles. Si hace algo de frío en la habitación será conveniente cubrirnos con una manta ligera, pues la temperatura del cuerpo puede bajar durante el ejercicio. Antes de sentarnos procederemos al lavado de manos y cara. Mientras lavamos las manos y llevamos el agua a nuestro rostro podemos imaginar que, junto con las impurezas y suciedad de la calle nos desprendemos igualmente de toda suerte de emociones desgastantes, cantidad de basura psicológica que no queremos ya retener más.

Y una vez que hemos atendido este aspecto externo de la relajación, que es desde luego el menos importante, pero que favorece considerablemente la respuesta de relajación, nos encontramos ya bien dispuestos para iniciar nuestro ejercicio de cada día.

Práctica básica

Son recomendables las posturas llamadas de LOTO o SEMILOTO, pero podemos permanecer sin más complicacio-

nes sentados en una silla, al modo occidental, con ambos pies apoyados en el suelo y la espalda recta. Esto último es muy importante, pues así no interrumpiremos el libre curso de la energía a lo largo de la columna, desde su base hasta la nuca y propiciaremos al tiempo, en lo psicológico, mayor atención y equilibrio.

Una espalda bien asentada no significa de ningún modo rigidez o envaramiento, sino todo lo contrario, fluidez y dignidad de porte. Hay que soltarse sin abandonarse. Así que, sentados comodamente, pero sin descuido ni negligencia, tantearemos unos segundos en el espacio con nuestro tórax hasta encontrar la simetría perfecta, en la cual nos sentimos descansados y atentos. En esa postura habremos de permanecer durante todo el ejercicio.

Como en nuestra cultura occidental el hombre ha aprendido a conseguirlo todo con su esfuerzo personal, será útil volver a recordar que no se pretenda a toda costa relajarse; que no se obstine uno en estar bien o sentirse bien, obligatoriamente, porque ello significa crear una nueva tensión. Es un acto de guerra interna, de enfrentamiento a las propias tensiones, al estado que sufre el pobre y castigado cuerpo, lo cual es precisamente lo que tratamos de evitar. Es preferible una actitud activamente pasiva; una actitud de contemplación del proceso que va a tener lugar, permaneciendo a la escucha de nuestras sensaciones, incluso de las pequeñas molestias o tensiones detectadas durante el ejercicio.

Constatar también el estado en que la mente se encuentra y ACEPTAR su confusión, el ir y venir de las ideas; su intranquilidad, el nerviosismo y la excitación, tanto como los estados de paz, armonía o felicidad. Según haya transcurrido nuestro día veremos que hay una respuesta emocional concreta, cuya huella está presente en el momento de la relajación. Tal vez, hace horas, tuvimos un contratiempo y «eso» todavía está presente en el cuerpo. Se trata de no rechazar nada, ni tampoco de buscar un estado idílico de mente en blanco u otras fantasias. Es preciso ser internamente sinceros con uno mismo y aproximarnos a la realidad corporal y a la

realidad psíquica. Esto quiere decir que sí, por ejemplo, lo que sentimos es tristeza, calor, enfado... en lugar de buscar una salida inmediata a ello, permaneceremos abiertos a esto que sentimos, experimentando como se sienten todas estas cosas en el cuerpo. Nos relajamos y experimentamos el enfado, la tristeza, el frío o el calor, no teóricamente, reflexionando sobre ello, sino EN VIVO, permitiendo que el propio cuerpo nos cuente sus dificultades.

Entramos ahora en el ejercicio de relajación haciendo alguna respiración más profunda, más lenta. Sentimos el aire que penetra por las fosas nasales pero cuidando de no hacer inhalaciones violentas. Vé despacio, suavemente, tomando conciencia de todo el proceso. Todo es muy sencillo... Cuando en la expiración, ya hemos expulsado todo el aire contenido en nuestros pulmones, hay que saber esperar el impulso de la inspiración, sin precipitarse. Cuando éste llegue... dejarse llevar.

En cada persona la respiración tomará un ritmo distinto. No debemos manipularla, pretendiendo efectos especiales o siguiendo complicadas indicaciones que hemos encontrado en algún libro. Todo es natural y muy simple. A poco de permenecer tranquilamente sentados, siendo conscientes de nuestra respiración, nos iremos dando cuenta que el momento de soltar el aire de los pulmones es el más propicio para el relajamiento, de manera que las tensiones disminuyan. Al expirar, pues, tengo la oportunidad de ir aflojando músculos y articulaciones de forma natural. Inspiro...y aflojo.

> *Para los primeros dias de práctica será suficiente con lo que hemos explicado hasta aquí y que se reduce a estos dos aspectos fundamentales:*
> *● Toma de conciencia de la realidad corporal y de los estados mentales*
> *● Descanso en la respiración utilizando el tiempo de la expiración para soltar tensiones.*

Durante este primer periodo, que puede durar de una a cuatro semanas, será suficiente dedicar al ejercicio cinco o diez minutos, porque más tiempo puede aburrir o causar nervio-

sismo. Tener siempre presente que es más importante la calidad que la cantidad. Si uno es capaz de permanecer sentado media hora, pero se deja llevar por todo tipo de imaginaciones, completamente identificado con el discurrir de sus pensamientos, esto no nos sirve para nada. Si en cambio, durante cinco minutos nos entregamos enteramente al ejercicio, estando más despierta nuestra atención, aun a pesar de la brevedad, se apreciarán de inmediato algunos beneficios; mejorará la salud, encontraremos una mayor resistencia a las enfermedades, nuestro sueño será mucho más tranquilo y la persona tendrá más alegría y una desacostumbrada serenidad para enfrentarse a los acontecimientos y dificultades de cada día.

Si la persona permanece, como se ha indicado, a la escucha de sus sensaciones y emociones, sin identificarse con ellas, mientras continua respirando tranquilamente, se encontrará pronto con una calma y un profundo silencio pleno de contenido. No hay que inquietarse preguntándose si uno lo estará haciendo bien o mal... si sabrá o no hacerlo. Por sí mismo se descubrirán muchas cosas; basta un poco de paciencia y amorosa perseverancia.

Pasadas unas pocas semanas se podrá ir ampliando el ejercicio de relajación según las necesidades personales y hasta un tiempo máximo de treinta minutos. En esta segunda etapa vamos a hacer una exploración minuciosa del cuerpo, desde la cabeza hasta los pies, hasta llegar a alcanzar una sensación global de descanso. Lo importante es hacer el recorrido sin prisas; no importa si el orden propuesto no se respeta o si preferimos detenernos en alguna zona concreta más que en otra.

Importa señalar que sentir no es lo mismo que pensar; porque cuando a la persona se le invita a que sienta su cuerpo, lo que suele hacer es «pensar» en su cuerpo. Sin embargo, se trata de una toma de conciencia corporal. No se trata de un esfuerzo intelectual, sino de una experiencia real.

Conviene repetir que no hay que caer en la ilusión de provocar una experiencia determinada de visiones o extrañas sensaciones, cayendo en un estado fantástico, descrito por alguien como señuelo para comerciar con una sustanciosa

técnica del gran mercado espiritual. El principiante irá poco a poco haciendo pequeños y sencillos descubrimientos; irá afinando su escucha y despertando su atención. También sentirá que aumenta su comprensión y afecto hacia el mundo y hacia sí mismo. Es entonces cuando sabrá que está bien encaminado.

Aunque no existen reglas fijas y el ejercitante deberá encontrar las suyas propias, el orden que sugerimos para la práctica de la relajación, puede ser de gran ayuda. Pero en cualquier caso es conveniente comenzar el ejercicio con el entrenamiento propuesto anteriormente para las primeras semanas de práctica, poniendo el acento especialmente en la respiración.

Cabeza

Despues de iniciar el ejercicio tal como hemos recomendado, descansando en nuestra respiración, ya podemos iniciar el recorrido comenzando por la relajación de los pequeños músculos del rostro y dando alivio a las tensiones faciales: frunces en la frente, en las cejas, mejillas y sienes. Hacer lo mismo con los labios y la mandíbula y con el interior de la boca.

En el repaso que damos al rostro es importante que no olvidemos los dientes, los cuales deben quedar ligeramente separados, sin apenas rozarse, mientras la lengua queda cómodamente instalada sobre el velo del paladar y los dientes superiores. Observar que los labios no estén apretados, sino ligeramente entreabiertos. De esta manera todos los músculos de la cara serán llevados fácilmente a la relajación. Tomar nota de que, siempre que resolvemos una pequeña tensión cualquiera, estamos incidiendo sobre las demás favorablemente, ya que es imposible aliviar una zona y excluir el resto. El cuerpo forma una unidad perfecta y nada de lo que sucede en un punto deja de percibirse y reflejarse en otro por muy alejado de aquél que se encuentre.

Contraer la mandibula y apretar los dientes con fuerza es un mal hábito frecuente de tensión, pues es la forma equivo-

cada en que hemos aprendido a resistir calladamente el dolor y a contener nuestras expresiones de rabia. Incluso en la cama, cuando nos disponemos al sueño el cuerpo persevera en su actitud combativa, resistiéndose al descanso, con puños y dientes apretados.

Siguiendo con el rostro, seguramente un buen observador podría leer, sin dificultad, en las inumerables muecas y gestos que nos pasan inadvertidos, aquello que en cada momento acontece en el interior de la persona, en cuanto a su mundo psicológico se refiere... toda nuestra charla interna, repetitiva y tonta, los ensueños y satisfacciones, las reacciones de odio o amor, etc. Cada emoción asoma al rostro, y en él, con su peculiar lenguaje, se ofrece, a quien sepa leer, gratuitamente y sin decoro, la representación de una vida. Al contrario, cuando nos relajamos, el rostro libre de crispación, aparece perfectamente sereno.

Ahora imaginemos el cerebro como si se tratara de una esponja que va empapándose lentamente, haciéndose cada vez más pesado, ablandándose, expandiéndose y sintiéndose más fresco y descansado. Más sensible. Cuando el rostro está bien relajado y no existen tensiones en la cabeza, encontramos que la garganta y la nuca se siente distendidos sin más.

Tórax y brazos

Seguidamente invitamos a los hombros a que desciendan ligeramente, pues la tensión los mantiene hacia arriba, produciendo un estrechamiento en el tórax y limitando como consecuencia la respiración. Los brazos se sentirán más blandos y pesados o, tal vez, tan ligeros que nos parece que hubieran desaparecido. Los brazos cuelgan suavemente de los hombros, con todos los músculos y articulaciones sueltas. Hay que abandonar el peso del cuerpo sobre los puntos de apoyo. La espalda sobre el respaldo de la silla, gluteos y caderas sobre el asiento, los pies sobre el suelo y las manos sobre el regazo.

Al dejar bien relajados los hombros y los brazos, aparece en las manos una gran sensibilidad y pueden sentirse como

desbordadas de energía. Es preciso detenerse en ellas, recorrer despacio el dorso y la palma, los dedos y todas las articulaciones. Sentir su leve peso y su temperatura.

Ahora nos vamos encontrando con un tórax más amplio
y distendido y también con una respiración más pausada.
El aire nos penetra suavemente y produce un movimiento
rítmico interno como el de unas grandes alas que se des-
pliegan despacio. La atención nos lleva a percepciones muy
vivas que de ordinario nos pasan desapercibidas... el contacto de la ropa sobre la piel, la presión del reloj, los sonidos que bailan en el espacio. El mundo es más real.

De la espalda ya se ha dicho que es preciso mantenerla
en una posición de verticalidad, pero sin rigidez. No deja-
remos caer la cabeza; la barbilla debe formar angulo recto
con el pecho y las puntas de los omoplatos no deberán
sobresalir, para que la espalda no se curve ni el pecho se
hunda. El triangulo que forman nuca y hombros debe ase-
mejarse a una percha bien relajada.

Tomarse ahora tiempo para disfrutar, para sentir. Permanecer a la escucha del latido del corazón, quietamente,
dejando pasar los pensamientos sin hacernos sus cómplices.
No tratar de controlar; permitir que el cuerpo sea feliz de
un modo natural.

Vientre

El área del vientre y toda la zona genital están especialmente tensas y «acorazadas». Muchas de las tensiones emocionales que padecemos quedan fijadas allí, agrediendo
nuestros órganos internos. La insensibilidad y rigidez a que
éstos quedan sometidos forman como una coraza protecto-
ra que el tiempo ha ido forjando a través de todas las frustraciones, miedos e inhibiciones acumuladas. Si no nos
resulta fácil relajar esta zona, habitualmente tan castigada y
sede de múltiples represiones, es preferible ceder y no
seguir insistiendo y en cambio abundar en la relajación con-
seguida en otras partes del cuerpo. Seguramente con tiempo y paciencia las tensiones irán desapareciendo; mientras

tanto, seguiremos insistiendo para llevar nuestra respiración al vientre (Hara), un punto que se encuentra unos cuatro dedos por debajo del ombligo.

Soltar el peso del cuerpo sobre las caderas y el asiento. Constatar que los muslos se encuentran un poco más cómodos, más sueltos. Las piernas tienden a comportarse como varas duras, en un intento inútil de combatir la inseguridad de la persona. Los muslos deben separarse ligeramente, ablandándose y que vayan soltando todo su peso. Ello contribuirá muy positivamente en la relajación del vientre.

Los pies

Llegamos ya a los pies. Estos están en contacto casi permanente con la tierra que nos nutre, la tierra sobre la que vivimos; este inmenso ser que amamos y nos ama. Así como la cabeza y los ojos significan lo más aéreo, lo más elevado —el mundo de las ideas— los pies, por el contrario, representan la tierra, la afirmación de la materia. Y desde la monarquía absoluta del pensamiento, han sido relegados de la conciencia, olvidados y muchas veces, incluso torturados.

Solamente nos acordamos de los pies cuando los fatigamos en exceso o cuando nos duelen dentro de unos zapatos inapropiados, que oprimen y deforman. ES HORA DE SENTIR LOS PIES; deja que recuperen su sensibilidad, su poder y su belleza. Siente el talón, la planta, los dedos. Adéntrate con la sensación de los pies en la tierra, como si proyectaras su sombra hacia adentro. Has de saber que, por muy elevado que sea el pensamiento de un hombre, hasta que sus pies no son conocidos y amados, no se instala en él la sabiduría.

Sensibilidad global

Vuelve a tomar conciencia del peso del cuerpo y abunda en su relajación. Respira profunda y conscientemente. Ya no hay que hacer otra cosa más que disfrutar del estado de relajación conseguido. Al tiempo nos mantenemos lúcidos, despiertos y extremadamente sensibles. Los problemas y preocupaciones

habituales ya no nos lastiman o al menos han perdido parte de su fuerza. Se parecían a fantasmas escandalosos que, aburridos por falta de atención, se desvanecieron en el aire.

Déjate llevar por el amoroso aliento de LA VIDA, presente en todo tiempo y en todas las cosas. Siente la alegría del cuerpo relajado que parece expandido en el espacio inmenso, sin límites. La piel se ha convertido ahora en el punto de contacto y no en la frontera que me separa de lo exterior.

Cuando se vaya a dar por terminado el ejercicio, abrir los ojos tratando de mantener el estado de relajación. Dejar que la mirada descanse en los objetos conocidos, en el juego de sombras y colores. Mira cada cosa como si fuera la primera vez; todo es nuevo y prodigioso. Mira inocentemente, sin nombrar, sin juzgar. Vuelve a tus quehaceres y no dejes que se escape demasiado pronto el sabor del más íntimo silencio.

5

LA OBSERVACIÓN

Meditar es vivir de instante en instante, no es aislarse en un cuarto o en una caverna, pues de esa manera nunca se podrá conocer la verdad; ésta puede ser encontrada en nuestra relación con la existencia diaria *

---

* Krishnamurti, Madrás, 1949.

Darse cuenta de nuestras tensiones favorece enormemente el camino de la relajación. En la medida en que comienzo a familiarizarme con el SENTIR TOTAL DEL CUERPO, en sus diferentes estados: excitación, euforia, tranquilidad, indiferencia, etc., me resultará más fácil saber cual es la situación física que padezco y preguntarme luego sinceramente si es mi deseo mantenerme en ella. Si, por el contrario, las crispaciones que sufro me pasan desapercibidas, jamás me veré libre de su influencia, tolerándolas en todo caso como un factor propio de la clase de vida que nos vemos obligados a llevar.

Pero si tengo la suerte de que mis tensiones corporales se revelen y comienzo a sorprenderme a mí mismo en actitudes forzadas o simplemente incómodas, registrando en vivo donde está localizada la tensión, entonces tendré una buena oportunidad para aflojar, favoreciendo una posición más cómoda. Para que esta percepción se presente es imprescindible un entrenamiento, que se resuelve en la práctica diaria de un ejercicio de relajación. Es así como puedo comenzar a familiarizarme con un estado nuevo, libre y gozoso, que reclamará luego su sitio en la vida, haciendome detectar cualquier ataque que me lleve a la desarmonía. Si practico con constancia veré con claridad como trascurre mi vida cotidiana, dándome cuenta de las cargas psicológicas que se acumulan y de las crispaciones que tienden a fijarse en el cuerpo.

Debido a una percepción corporal más clara, es frecuente que el principiante se queje, en las primeras semanas, de la cantidad de tensiones que descubre en su cuerpo. Esto no quiere decir que se esté produciendo un empeoramiento, sino todo lo contrario. Lo que sucede es que la persona está despertando a una sensibilidad que antes estaba como dormida. El aumento de la sensibilidad implica una inmediata toma de conciencia, aflorando a la superficie todo el malestar escondido. Pero con el tiempo también tendrá lugar una experiencia de silencio en medio de la vorágine de nuestra vida; una facilidad inusual para recobrarse y poder escapar de aquellos estados indeseables que antes nos poseían por entero.

El trabajo que nos proponemos tiene como meta el conocimiento propio (que no es conocimiento de partes ni conocimiento circunscrito a ninguna idea), sino visión global e íntima de nosotros mismos. Semejante tarea requiere una cuidadosa observación. Para observar es preciso primero desechar cuantas ideas tengo sobre mí mismo, sobre lo que creo ser, sobre lo que me han dicho que soy. Porque si la observación viene precedida por alguna conclusión o cualquier imagen que tenga de mí mismo, entonces la investigación estará contaminada.

De la misma manera que cuando contemplamos tranquilamente un paisaje o si nos sentamos para ver pasar la gente por la calle; de este mismo modo conviene permanecer atentos a nosotros mismos. Como un espectador imparcial. Observamos las reacciones que padecemos, las actitudes que tomamos, la conducta que seguimos... Es necesario hacer esto varias veces al día y en circunstancias diferentes. En situaciones variadas y con distintas personas. Observar como me muevo en el ambiente laboral, familiar; en la calle... los diferentes "roles" que tomo etc.

El conocimiento de uno mismo es el principio de la sabiduría y no lo encontramos en los libros, ni está inscrito en el material genético ni se encuentra en el horóscopo. Se escapa a la ciencia, no se encuentra en las descripciones de tipos, ni en la estadística, ni en ninguna cosa. Únicamente llegará a conocerse bien aquel que se observe con atención y perseverancia. Es un esfuerzo personal de búsqueda de sí.

Hasta donde el hombre funciona y se comporta como máquina, puede llegar a ser conocido, descrito, e incluso controlado hábilmente por la psicología de la conducta, pues no tiene respuestas interiores ni exteriores libres e independientes. De ahí el éxito sin igual del conductismo. Pero más allá de una conducta condicionada, más allá del hombre-máquina... ¿hay algo? Donde ni el ojo de la carne ni el ojo de la ciencia pueden llegar, llegará en cambio el ojo del Espíritu mediante el adentramiento en sí mismo y allí encontrará el ser humano su verdad más profunda.

Pero de hecho, y en el estado que nos encontramos, no somos seres libres y el medio social nos modela. Sin embargo, nos encontramos en el camino que nos lleva a aumentar gradualmente nuestra conciencia y comenzar a ser más dueños de sí. Es imprescindible, pues, observar a este personajillo controvertido que responde por nuestro nombre y hacerlo, en lo posible, de una manera objetiva, sin identificarnos con él, mientras le oímos hablar, vemos como se justifica, cómo son sus enfados y sus alegrías, qué le hace llorar o reir.

Hay que observarse en cualquier momento, en situaciones comunes o extraordinarias, cualquier motivo es bueno para la práctica de la observación. ¿Qué hay detrás de un estado de aburrimiento? ¿Qué cosas provocan nuestra ira y por qué? ¿Qué cosas nos impacientan, qué nos irrita y con qué nos sentimos más tranquilos y felices?

La observación hace que nos separemos un poco de las cosas, y también que nos separemos un poco de nosotros mismos. Ésta es la única manera de ganar ecuanimidad y equilibrio. Y desde luego es la única forma de estar más centrados, situándonos en la parte más interna y real de nosotros mismos.

El hombre de nuestros días es muy rico en conocimientos, es un experto en muchas cosas, un auténtico especialista de enciclopédica información. Pero es un verdadero desconocido para sí mismo. En ese punto está en un estado de penuria absoluta. Los detalles que puede conocer sobre su personalidad no le otorgan ningún poder, ya que la personalidad es lo más externo a uno. La personalidad es una fabricación social, cultural, algo que produce la fábrica del tiempo. Por esto carece de poder para cambiar tu ser. Desde la personalidad, es decir, desde la superficie de sí mismo, no se puede controlar lo interno. Desde la superficie, sólo puede olvidarse lo interno, ignorar lo que es. El cambio de SER es desde dentro. Y es desde dentro donde se conocen los mecanismos que nos hacen actuar de una determinada manera, los impulsos ciegos, etc.

Es importante dejar muy claro que la OBSERVACIÓN tiene que practicarse exenta de prejuicios. Uno nunca debe

erigirse en juez de aquello que está siendo observado. Es una tarea de simple recogida de datos, de hechos concretos, de las emociones o pensamientos que tienen lugar y de las reacciones físicas. No observamos para criticar, ni para condenar. Tener en cuenta que en la correcta observación no se pretende cambiar nada. La observación no es intervención de ninguna clase. Con ella simplemente aprendemos a mirar, a ver lo que pasa, dentro y fuera de nosotros.

Sin embargo, y aunque no hay una intención de cambio, algunos ajustes van a tener lugar en la personalidad, sin esfuerzo ni propósito definido. Comportamientos y actitudes que parecían cristalizados, irán desapareciendo con el tiempo. Desde luego dichos cambios no serán nunca la resultante de una voluntad caprichosa, sino que se producirán como consecuencia de un verdadero acto de comprensión.

Cuando descubrimos las tensiones corporales, éstas ya no pueden mantenerse mucho tiempo más. Igual que un niño sorprendido en su travesura se queda inmediatamente quieto; así ciertas tensiones ocasionales, se disuelven fácilmente con la observación. Lo que venía importunándonos nos abandona sin más, pues se descubre su sin sentido. De modo que no hay que ser violentos ni voluntariosos contra las tensiones sino extraordinariamente pacientes. Esa paciencia, si es inteligente y activa, contiene la fuerza necesaria para la transformacion.

En nuestra vida diaria son muchos los momentos en que malgastamos toda la energía disponible, hasta quedar exhaustos. Es una energía dilapidada en esfuerzos y emociones desgastantes que no nos son de ninguna utilidad. Observa por ejemplo el modo en que uno sostiene algunos objetos como el auricular del teléfono, la pluma o el paraguas. Nos aferramos a cada uno de ellos como si se tratara de un salvavidas. Para sostener un simple lapicero nuestros dedos semejan garfios y apretamos los dientes y ponemos tanta tensión en el brazo como si estuviéramos levantando una maleta llena de piedras.

Así que, en adelante, evita cansarte de esta manera tan tonta y con cualquier tarea nimia. Y sobre todo, permanece

muy atento, pues detrás de esa crispación exagerada, probablemente se encuentre un estado generalizado de «miedo» a la vida. Un miedo inconsciente, desconocido. Pregúntate a qué tienes miedo y no desperdicies tu energía. La necesitas para ser más fuerte y feliz.

OBSERVAR no consiste en la práctica pormenorizada de las situaciones o los estados internos, buscando en los intersicios razones oscuras que justifiquen nuestros comportamientos o nuestros estados. OBSERVAR no es empeñarse en hallar los «por qués», los «cómo» o los «cuándo», de lo que nos acontece. Conocer esas cosas puede ser interesante, pero no es el trabajo que aquí recomendamos. Por el contrario, es necesario ir dándose cuenta de que únicamente cuando nuestra mente permanece silenciosa, sin pretender interpretar o juzgar la realidad que ve, sino tan sólo mirando ampliamente y en una actitud de acogida, es que puede empezar a sentirse libre de toda su confusión.

La observación tiene el poder milagroso de romper, en un instante, la accion mecánica. La observación es el retorno a la conciencia. Los estados de identificación nos alienan y nos convierten en marionetas que actuan sin verdadero propósito. Es preciso separarse de todos aquellos estados que antes nos poseían y comenzar una vida con significado, plenamente humana.

La opinión tan generalizada de que únicamente podemos interpretar la realidad con ayuda del pensamiento y la razón, es completamente falsa. Desde luego necesitamos el pensamiento, pero existe una comprensión total, instantánea, que no proviene de la elaboración del pensamiento, sino de una detención interior; del silencio creativo. Algo así nos ocurre cuando damos vueltas y más vueltas alrededor de un problema, sin encontrar solución, y cuando al fin cedemos, dejando ya de buscar, aparece con claridad la respuesta que estábamos buscando.

La función intelectual consiste en el análisis, en la comparación, en el razonamiento, en la memoria, en saber relacionar los datos que tenemos. Cada pensamiento procede de otro

pensamiento y concluye en un nuevo pensamiento formando una cadena de asociaciones que muchas veces está condicionada por intereses particulares. Se trata de asociacianes puramente mecánicas o que siguen un curso caótico, desordenado. Un discurso que no tiene coherencia interna.

Nos ayudaría mucho el hecho de ejercitarnos en la práctica del orden y coherencia de nuestro pensar, pero para esto precisamos sobre todo de una mente tranquila, que no vaya de una idea a otra, mariposeando. Sólo de la tranquilidad y el silencio puede nacer una inteligente reflexión. El pensamiento que nace de la confusión, es confuso. El pensamiento que nace del silencio, es creativo.

He aquí, pues, el poder trasformador del silencio. De manera que lo que se ha dicho no viene a afirmar, en modo alguno, que no sea necesaria al hombre la función intelectual. Hay un tiempo para todo y allí donde y cuando se requiera la reflexión serena, el razonamiento y el juicio, estos deberán estar presentes. Pero la verdadera inteligencia está siempre detrás y por encima del pensamiento. Una mente atiborrada de ideas, que no conoce el silencio, es, desde luego, una mente oscurecida.

Ejercicio de la doble atención

Este ejercicio debe realizarse en medio de la vida, mientras nos dedicamos a nuestras tareas habituales... fregar los platos, coser o cambiar la rueda del coche. Siempre se nos ha hablado de la importancia de la obra "bien hecha". Pero este ejercicio es sobre todo para aumentar nuestra conciencia. Desde luego que la conciencia hará que la tarea esté mejor hecha, pero esto siempre será algo secundario.

Vamos a observar y a poner nuestra atención tanto en la acción o trabajo que hacemos, como en nosotros mismos, buscando la experiencia de Ser, de «sentirse» uno mismo mientras realiza la tarea.

- Prestaremos atención al objeto externo, nuestra herramienta, aquello que las manos tocan, que los ojos ven.

- También estaremos atentos a nosotros mismos, la respi
  ración, el movimiento que realizamos...

PASAREMOS DE LO INTERNO A LO EXTERNO Y DE LO EXTERNO A LO INTERNO. Tengo sed. Eso es algo interno, y yo me abro a esa experiencia. «Siento la sed en el cuerpo». Pero el agua, la copa, es algo externo que también puedo sentir. Miro la trasparencia del agua, el movimiento, el tacto del cristal... y enseguida me remito a mi experiencia interna...Estoy respirando, paladeando, refrescando mi garganta seca. Me siento a mi mismo. ME SIENTO, ME SIENTO.

6

VIVIR EL PRESENTE

¡Qué maravilla sobrenatural!
¡He aquí el milagro!
¡Saco agua del pozo y
llevo leña del bosque! *

---

* P'ANG - IUN

Probablemente un sistema de relajación se hizo necesario como sustituto de la vida natural, laboriosa pero tranquila. En nuestros días, la relajación, tal como se presenta y oferta en el mercado, resulta un «artificio» de gran ayuda. Y tenemos que hacer uso de ella porque la vida se ha desnaturalizado, se ha vuelto apresurada y complicada en exceso, y como consecuencia, la salud y hasta la propia supervivencia están en peligro, pues como se sabe, la mayoría de las enfermedades que padecemos son la consecuencia directa de una actitud vital equivocada, de un sufrimiento internamente reprimido o que no se ha podido o sabido vivir adecuadamente.

Llegado a este punto el hombre reflexiona sobre el deplorable estado en que se encuentra, y, como es natural, hace todo lo posible por salir de él recurriendo a los objetos de consumo que tiene a su alcance. Como los psicofármacos no están exentos de contraindicaciones y tampoco aportan resultados plenamente satisfactorios, se acude a otros remedios menos convencionales o «científicos», pero desde luego menos agresivos. Técnicas de modificación cognitiva (de pensamiento), ejercicios de concentración mental, yoga, meditación, etc.[1], aparecen como una sugerente solución a nuestro conflicto y, en principio, sin el riesgo de los efectos yatrógenos que algunos medicamentos presentan.

Sin embargo, cuando se trata de reclamos exotéricos importados recientemente de otras culturas, que son los que más abundan, éstos son totalmente desfigurados, manipulados y desposeídos de su esencia para convertirlos en meros objetos de consumo. Y es así como el hombre de nuestros días los utiliza, sin ninguna comprensión o respeto por lo que fue más una forma unitaria de vida que una pieza para un remiendo.

Igual que una tabla de gimnasia o la práctica de un deporte vienen a suplir la falta de ejercicio del hombre de la ciudad, que ya no recoge leña del bosque, ni cultiva la tierra, ni amasa su pan y casi ni camina ni respira; así la relajación, tomada

---

1. Si se desea ampliar la información sobre terapias alternativas, consultar Antonio Lázaro. *La guía de las nuevas terapias*. Barath. Madrid, 1983.

como ejercicio «separado» de la vida, viene a tratar de ser el sustituto de una existencia feliz. La relajación aporta la dosis justa de tranquilidad, necesaria para la supervivencia, pero se detiene prudentemente allí donde puede comprometer y poner en peligro una estructura social y mental que interesa mantener tal cual es. En este caso, la relajación, la meditación, el yoga, etc., pueden producir alivio y hasta un pasajero entusiasmo, pero desde luego no curan al hombre de su enfermedad, que consiste fundamentalmente en que éste se ha SEPARADO DE LA VIDA

Sin embargo, cuando el hombre es capaz de enfrentarse a la verdad, se da cuenta inmediatamente de que si quiere cambiar (dejar de sufrir), ha de aceptar riesgos. Lo cierto es que tales riesgos afectan únicamente a la imagen que tenemos del mundo o de nosotros mismos, todo lo cual puede desmoronarse gradualmente; lo que por otra parte vendría a suponer el cese de nuestro conflicto.

En efecto, como se ha explicado, es relativamente fácil producir algunas mejoras personales y resulta alentador y necesario hacerlo. Una mente ordenada y un cuerpo más sano son cosas excelentes; pero comprometerse de verdad en buscar una salida definitiva al conflicto es ya algo muy diferente, y no siempre existe la motivación ni la energía precisa para hacer el cambio. Nos es más cómodo que desde «fuera» nos den *buena energía positiva*, algún toque mágico, un ritual exótico, acudir a videntes que nos prometan el éxito o la fortuna, o comprarnos un talismán para poner debajo de la almohada.

Pero si el ánimo se encuentra al fin desencantado pues el éxito prometido fué engañoso y fugaz como un suspiro y si sabemos abandonar las falsas espectativas, los trucos de magia y todos los espejismos, tal vez entonces ha llegado para nosotros el momento precioso de retornar a la sencillez perdida y a la mirada inocente. Un poco de esfuerzo y se producirá el reencuentro con la belleza de la flor , con el vuelo mágico de la mariposa. Es en ese momento cuando, como los niños y los viejos sabios, se comienza a dejar pasar gozosamente el tiempo, mientras se recupera la capacidad de mara-

villamiento. Esto constituye la original alegría que ningún sistema, práctica o cosa alguna pueden suplir.

Pero cuando el hombre se aparta tozuda y sistemáticamente de LA VIDA y permite que cada día el sol se oculte en el horizonte, mientras él permanece sumido en sus ocupaciones, sin levantar la vista del suelo (sus particulares intereses), aferrado a sus posesiones, empeñado en atesorar y cuidar su botín de paja, entonces no cabe duda que este *pobre-rico-pequeño-importante-hombrecito*, necesitará con urgencia una tabla salvadora que le ayude a mantenerse a flote dentro de la clase de vida que ha elegido (lo cual significa seguir encadenado, aunque imaginando que se es libre), pero sin llegar a morir extenuado. Tal hombre hallará para su caso y remedio, en el mercado, la receta prodigiosa que le hará sentirse bien dentro de su propia trampa y que posea propiedades tales que le hagan habitable el agujero en que está metido. Y cuando esta receta falle, buscará otra y luego otra más...

Cuando se es un niño se vive la vida de una manera total, sin restricciones. Se llora, ríe, juega o duerme, entregándose en cada instante a la experiencia presente. El niño tiene la genuina habilidad de concluir el momento, sin dejar residuos. Vive plenamente, al menos el tiempo que dura su infancia y en tanto no se interfiera determinando su conducta y su frescura para irle acomodando a su vida de adulto.

Lenta, pero inexorablemente, la presión social y familiar irá consiguiendo que el niño corrija su actitud de creativa espontaneidad y vaya imitando el molde conductual que le ofrecen sus mayores. Después de un tiempo de aprendizaje, sus acciones no serán ya tan espontáneas ni el adolescente se entregará a la vida con su alegría de unos años antes. Casi sin darse cuenta, el ser humano se encuentra un mal día con que ha interrumpido para siempre la corriente amorosa que le unía al universo. En su lugar aparecerá la complicidad con la nueva forma de ¿vida?

Al ir perdiendo la entrañable unidad con LA VIDA, ésta se desvirtua y puede llegar a presentarse como algo extremadamente complicado, incluso hostil, en franco enfrentamien-

to con lo que uno busca y quiere. En lugar de luchar «en medio» de la vida; el hombre luchará «contra» la vida misma e irá adquiriendo una visión pesimista de la existencia que poco o nada tiene ya que ver con lo que en su infancia vivió y sintió. De esta manera se obligará a sí mismo a mantener la guardia levantada, defendiendo en todo momento su terreno. En adelante, el miedo, la ansiedad, la preocupación, constituirán sus emociones preferidas, así que tendrá que pasar gran parte de su tiempo resolviendo los problemas que él mismo está originando. A través del pensamiento y con ayuda de una voluntad arbitraria y obtusa, intentará el control de todas las cosas, buscando el poder y la certeza para así sentirse satisfecho y seguro. Sin embargo, cada vez más amenazado e inseguro cerrará en torno suyo un círculo de aislamiento y soledad.

En lugar de VIVIR LA VIDA, como cuando era un niño, el hombre comienza ahora a pensar *cómo* es la vida, lo cual impide la experiencia directa de ella. A partir de este momento soñará alguna vez con el pasado, con aquel mundo feliz de su infancia, pero no volverá a sentir la belleza del presente, la riqueza de sensaciones que entonces tuvo; el paraiso que perdió.

En un intento de suplantar a la vida, el pensamiento, ajustado al paradigma social, explicará como son en realidad las cosas. Entonces se afanará sin cesar el hombre en adquirir conocimientos que le den seguridad. Recogerá tantos datos e información como pueda sobre los asuntos más diversos, y con todo el material recogido y analizado, tratará de solucionar sus problemas. Pero será un esfuerzo inútil pues su PROBLEMA consiste básicamente en que ha cortado el cordón umbilical que le unía a la vida, y en tanto no reestablezca de nuevo este contacto, se encontrará lejos de su propio SER y, como consecuencia, de su felicidad.

Hasta tal extremo adora «la razón» el hombre moderno, que éste llega incluso a ser insensible a la VIDA DE SU CUERPO, la cual solo se hará presente en la conciencia a través del dolor físico. Pero en tanto en cuanto el cuerpo no se resienta o se encuentre enfermo, quedará relegado al olvido.

No nos detendremos ya para escuchar su vida silenciosa, permitiendo que exprese libremente su contento o su infelicidad. La verdadera alegría del cuerpo consiste, no sólo en mantener la salud o la fuerza física, sino, y esto no debe olvidarse, en mantener un estado de extrema receptividad siendo plenamente sensible.

Una mente abstraida, sumida en la intrincada trama del pensamiento, se aleja cada vez más de las sensaciones del cuerpo permitiendo que éste se embote y sufra. Debido a ello y como pobre sustituto, el hombre encuentra mayor placer en la excitación que en la sensación y gusto naturales. como las sensaciones terminan atrofiándose, ya no se saborean ni se aprecia el sabor original de los alimentos que tomamos, y uno se siente atraído en cambio por recetas exóticas, platos costosos y muy elaborados y combinaciones que animen nuestro gusto atrofiado y cansado.

Es precisamente el mal uso de la razón aquello que obstruye e impide la manifestación directa de LA VIDA. La vida que no se siente naturalmente prodigiosa y mágica, misteriosa y renovada cada instante, ya no es vida, sino MEMORIA DE LA VIDA, es decir, VIDA PENSADA. Aquello que hace que las cosas parezcan aburridas y la vida de color gris, no es más que la rutina de una mente condicionada. La aparente monotonía no pertenece a la cualidad de las cosas mismas, sino que procede de una visión miope que las ha distorsionado y que forma parte de la mecanicidad con la que he resuelto mi existencia. Una vida mecánica, tanto en lo emocional como en lo intelectual, tiene que parecernos, cuanto menos, aburrida. Por el contrario, un poco de conciencia hace de cada pequeño gesto vivo, una auténtica fiesta.

Sin duda ya no nos es posible recuperar el tiempo del juego ni aquel mundo tan vivo de sentimientos y sensaciones de nuestra infancia, y tampoco estamos interesados en hacer una regresión al pasado, pues el mundo y nosotros mismos hemos cambiado; y así tiene que ser. Es inevitable y justo que se vayan adquiriendo responsabilidades nuevas y muchas veces será necesario dar una respuesta que suponga renuncia

y sacrificio. Pero ello no debería implicar la suspensión de lo lúdico, de la emoción y la alegría genuinas, de la belleza o la creatividad. No hay motivo para que un hombre no disfrute de una experiencia rica y feliz, desplegando en el tiempo sus capacidades innatas, siendo cada día más él mismo. Mas en lugar de esto, el hombre se convierte en una especie de homúnculo, lleno de amargura y resentimiento; mentalmente como un fósil; biológicamente como un vegetal. Poco a poco, dejando mediar el tiempo, el desequilibrio y el desorden internos marcan y deforman su cuerpo, convirtiéndolo al llegar la vejez en su propia caricatura.

El pensamiento, tomado en su su justa medida, es decir, como instrumento, resulta muy valioso. Así que su crítica atañe únicamente al mal desarrollo de su actividad, lo que sucede cuando el pensamiento se absolutiza, volviéndose repetitivo y mecánico, o cuando revierte en un parásito capaz de crear y mantener todas las formas imaginables de sufrimiento. Si el pensamiento se emplea mal, se desembocará en una acción errónea. Pero si el pensamiento se conduce rectamente, la acción consiguiente entrará a formar parte del orden de la vida, y el hombre entonces podrá comenzar a ser, en cierta medida, dueño de sí mismo.

Cuando el sentimiento y el pensamiento van unidos, es decir, cuando el corazón quiere lo mismo que quiere la razón, la división interna cesa. Mas si el pensamiento ordena una cosa y el corazón se inclina por otra, habrá un conflicto de voluntades dentro de uno mismo y padeceremos un estado de interna desarmonía. Si vence el corazón, el pensamiento querrá pasar factura. Si es el pensamiento el que gana, se producirá una insatisfacción emocional.

Vamos ahora a referirnos a dos maneras diferentes de HACER las cosas. Una de ellas, la más común, consiste en un HACER MECÁNICO, basado en la compulsión y el caos interno. Este HACER responde siempre a un conflicto de la persona; es un impulso automático proyectado hacia la acción y que conlleva huida de sí mismo o ataque. Lo que la mayoría de las personas entienden como «espontaneidad»,

suele no ser más que una reacción de compensación sobre la que no se tiene ningún control.

Pero existe otra posibilidad de HACER que proviene de la voluntad real de la persona y a través de la cual ésta se realiza plenamente en el mundo. Semejante HACER no constituye ya un escape, sino que es un movimiento desde el centro de uno mismo. No se trata de la resultante de fuerzas internas encontradas ni de procesos inconscientes que ni conocemos ni dominamos, sino que es un movimiento libre que responde a los requerimientos y necesidades de la propia vida.

Cuando el ser humano, en su ignorancia, se apoya en la creencia de que su valía depende de la IMPORTANCIA de las tareas y trabajos que realiza o de los logros materiales que consigue, es inevitable que permanezca encadenado a sus acciones, pues se encuentra identificado con el rol que desempeña; como consecuencia se verá obligado a buscar en los hechos externos la propia justificación vital, que debe venir refrendada por el reconocimiento social. Si este apoyo le falta, se sentirá insignificante y pronto se deprimirá. Por el contrario, cuando cuente con el aplauso y la consideración social, su autoestima crecerá y se sentirá satisfecho.

El hombre y la mujer modernos, víctimas de un modelo que les ha sido impuesto, tienen la certeza de que se «realizan» cuando están llenos de ocupaciones; cuando tienen una agenda apretada de citas y compromisos; cuando su reloj y también su calendario van por delante de ellos mismos, creándoles ansiedad y marcando cada minuto la tarea pendiente. Haya o no armonía en sus vidas, esto no tendrá mucha importancia, porque el estado de excitación que padecen les recordará que han alcanzado el éxito y son unos triunfadores. De este modo, el trabajo será para ellos como una droga dura que la sociedad aprueba y bendice. Las plumas de pavo real con las que el hombre importante queda revestido, evitarán, si tiene suerte, que caiga en la cuenta del vacío de su existencia, y si la angustia o la depresión llegara a presentarse, siempre se puede achacar a algún cromosoma alterado que se resolverá con ayuda médica.

La sociedad tiene un indiscutible poder que ejerce estableciendo leyes rígidas y condicionando la conducta y la vida de una persona a través del refuerzo continuo y de la propaganda. La competitividad y el consumo programan la conducta de un sujeto hasta llegar a convertirlo en un perfecto neurótico que se verá compulsado a la acción como a un deber moral inexcusable. Dicha programación afectará igualmente otros campos, y así los deseos, metas e ideales individuales serán invisiblemente determinados desde el exterior por consignas que el sujeto ni siquiera sospecha que recibe.

En lugar del desarrollo natural de una actividad necesaria para la supervivencia, donde cada individuo sirve a la colectividad y se realiza en una acción gratificante, el hombre ha venido a convertirse en una especie de máquina laboriosa, complicada y caótica. La confusión y la prisa forman parte del engranaje de su accion mecánica.

La sociedad moderna ha sacralizado la prisa. Las personas consideradas IMPORTANTES, siempre tienen mucho que hacer y es de esperar que estén apresurados. Gracias a su PRISA, son respetados y respetables... el tiempo es oro, aprovechar el tiempo, no perder el tiempo etc., fueron consignas que recibimos cuando éramos niños y que hemos aceptado dócilmente. Pero que nadie piense que se está haciendo una apologia de la pereza....

> *Mientras se conceda momentos de paz en los tiempos de ocio, uno puede seguir practicando su profesión sin ningún riesgo. La naturaleza entera trabaja. ¿Qué hay de malo en ello? Pero cuando uno se siente bajo los efectos de la fiebre de la actividad, la prisa, el infierno de la zozobra, eso no pertenece a la naturaleza sino a las necesidades de los egos (Nisargadatta)*

En estas pocas palabras del gran sabio Indio se distingue con claridad dónde se encuentra el lugar justo del trabajo y dónde empiezan el conflicto y la desarmonía. Ya vemos en que clase de seres nos ha convertido la prisa. Ella nos vuelve inatentos, insensibles y violentos... ¿Te has dado cuenta de

como estás cuando padeces los efectos de la prisa?... No escuchas, ni miras; no tienes ni tiempo de sonreir. Tratas todo con descuido, las cosas se te caen de las manos cuando estas apresurado, te vuelves torpe, tropiezas y te haces daño...sientes que te irritas con facilidad. Tambien la razón se oscurece y tus gestos se vuelven mecánicos, faltos de gracia.

Corremos frenéticamente tras el tiempo que se escapa, perdiendo la compostura y olvidándonos de contemplar y sentir la vida... Resulta tan cómico ver al hombre moderno lamentándose de que no tiene tiempo para el placer, para la felicidad, para la amistad, el amor o la ternura... La prisa es un monstruo que nos ha capturado y se nos lleva.

Observa con atención cómo se siente internamente tu cuerpo cuando está bajo los efectos desgastantes de la prisa. Encontrarás en él tantas tensiones que fácilmente aparecerá la fatiga y con ella el malhumor y la ansiedad. Cómo llevarás la prisa al acto vital por excelencia, la comida, los alimentos ingeridos te sentarán mal y padecerás malas digestiones, así que terminarás teniendo problemas serios de salud. En mayor o menor grado, todo en tu vida quedará mediatizado por la prisa...las relaciones, el sueño, el trabajo etc.

Como se puede comprobar, la prisa es un estado de violencia. De manera que ciertamente resulta cómico escuchar las opiniones del hombre de la calle respecto a las grandes virtudes de justicia, amor o paz, cuando su alborotado estado interno está afectando negativamente su ámbito más próximo, familia, trabajo y relaciones sociales, con el nefasto hábito de la prisa. ¿Cómo es posible anunciar que uno desea la paz del mundo, mientras se padece un estado de tanta violencia? ¿Cómo es posible hablar de amor cuando la prisa nos vuelve indiferentes al mundo que tenemos más cerca?.

Comencemos por estar un poco más atentos, mostrándonos menos descuidados e indiferentes con los seres y las cosas. Nuestra atención revelará sus verdaderas necesidades y también las nuestras. Detengámonos un momento para saber qué y quién nos rodea. Vayamos más despacio y con más cuidado... ¿No es ese el comienzo del amor?. Desde luego no podemos

obligarnos a «sentir el amor», pero en cambio podenos ir más despacio por la vida, siendo también más agradecidos.

Aunque sea muy valioso hacer cosas por y para los demás, el caso es que todos los actos hunanos meritorios, de generosidad y esfuerzo, sacrificio y entrega, no deberían sin más ser confundidos y entrañados con el amor. Incluso puede ser, aunque resulte duro decirlo, que el amor nada tenga que ver con ellos. Buen número de las acciones benéficas que el hombre, individual o colectivamente realiza, fueron hechas por simple vanidad, por la necesidad que tenemos de ser admirados y queridos, por deseo de justificación o búsqueda de autoestima. En el caso de las personas religiosas, la razón bien pudo encontrarse en un imperativo moral, en la culpabilidad o en la posibilidad de hacer rentables para la vida eterna nuestras buenas acciones, capitalizándolas con un interés muy elevado, nada menos que el ciento por uno. Pero como todas aquellas supuestas «buenas acciones» no se sustentaron en EL AMOR, no resulta después extraño que quienes practicaron esta clase de caridad manifiesten su amargura y sus quejas cuando no les dieron cumplidamente las gracias.

Mas si aquellas generosas acciones hubieran sido la expresión de un auténtico amor... ¿Por qué habría de mostrar la persona enfado, tristeza o resentimiento? No hay ninguna necesidad de recompensa para el que da y expresa verdadero amor. El amor mismo sería la recompensa y nuestra necesidad más real, la de vivir en ÉL. Cuando todavía somos inmaduros, creemos que necesitamos que nos quieran, que nos consideren bien, que se muestren agradecidos y contentos por lo que hacemos. Pero cuando el ser humano crece, se da cuenta de que no es tan importante para él ser amado como amar él mismo.

Para alguien que de verdad ama, es decir, aquél que vive desde su centro, desde la fuente de su SER, el amar es algo tan natural como el respirar, el comer o el dormir. Se trata de dar expresión a nuestra naturaleza verdadera. Y si no se ama, uno se cierra a LA VIDA. De nuevo nos encontramos con las pala-

bras de Sri Nisargadatta sobre el auténtico significado del amor y la caridad:

Tú eres el puro dar, sin principio ni fin, inagotable. Cuando veas sufrimiento y pesar, estate con ello. No te lances a la actividad. Ni el aprender ni la acción pueden ayudar realmente. Permanece con el pesar y desentraña sus raices: ayudar a comprender es una ayuda real. Por supuesto, mientras tanto da de comer al hambriento y vestido al desnudo, si tienes la oportunidad.

Cuando hay conflicto, tensiones o ansiedad, cuando la persona vive con temor, imaginando peligros y permanentemente a la defensiva, no podemos asegurar que hay en ella cabida para el amor. El amar precisa de toda la energía de la que el ser humano dispone y crece en un espacio interior amplio y lleno de luz. El amor no tiene futuro ni pasado, y como consecuencia, no tiene memoria, carece de posiciones defensivas, pues no conoce el temor. Por esto, en el amor se extingue la persona (el personaje que uno cree ser); no hay alguien que da o que recibe. Nada más existe el dar, pero ha desaparecido aquél que daba, es decir, el que se adjudicaba el acto y mérito de dar.

Otra de las consecuencias de la prisa es que nos impide VIVIR EL PRESENTE. Hacemos cualquier cosa, pero nuestra mente no se haya presente en lo que hacemos, sino que se prepara para hacer una cosa diferente o se encuentra entretenida con el discurrir de sus pensamientos. VIVIR EL PRESENTE significa entregarse por entero a lo que uno está haciendo, en el momento mismo que lo hace. Mas si estamos apresurados, nuestra situación anímica es la de no detenerse en nada, corriendo de un lado a otro.

Puede que estemos lavando los platos o nos anudemos los cordones de los zapatos. Mientras haces eso, observa como tu mente vagabundea o se proyecta hacia la siguiente ocupación. Mucho antes de terminar lo que uno tiene entre manos, la mente corre hacia las próximas tareas. Y es que una vez que se ha caído en la trampa de la prisa, ésta nos fustiga sin piedad creando un estado de ansiedad perturbador.

Es importante, sin embargo, saber distinguir la prisa, que es un estado de zozobra, de una acción rápida y libre. Podemos, por ejemplo, correr un maratón y al tiempo disfrutar de una experiencia que nada tiene que ver con la ansiedad y la angustia, simplemente porque disfrutamos corriendo, y podemos, por el contrario, permanecer todo el día tumbados en el sofá, físicamente inermes, pero angustiados por todas las cosas que debemos hacer y no hacemos.

La prisa es la guerra interna, la desatención, la huida hacia no se sabe donde. Esta forma de vivir tan generalizada, pocas veces se relaciona con la falta de amor. Únicamente si nos damos cuenta que el amor supone aceptación del PRESENTE y entrega a la vida, podremos sacar la conclusión de que una mente proyectada hacia el futuro, no conoce el amor.

Si la mente y el corazón no quieren estar donde están las manos, es decir, en la acción que se está realizando, se vivirá un estado de confusión y de división interna. Por esto quien no es UNO en sí mismo y en todo lo que hace, no puede vivir en el amor. Vivir el presente es nada más que la experiencia de querer y sentir lo que se hace. El hombre de la calle ha entendido de manera equivocada lo que significa vivir el presente. Para él, vivir el presente supone no ser previsor, no tener en cuenta el futuro. Es la posibilidad de descarga emocional instantánea; hacer lo que a uno le da la gana en cada momento...etc.

Ninguna de estas cosas nos da la libertad y casi siempre hay que pagar un alto precio por ellas. Vivir el presente nos deja enteramente libres. Es conciencia y apertura inteligentes, riqueza de sensaciones, alegría y vida de los sentidos. El presente llama a nuestra conciencia. Mientras el hombre no es consciente, su vida no es más que un sueño... tal vez una pesadilla.

La conciencia se aviva con la llama de la atención. El trabajo espiritual consiste sobre todo en despertar... Despertar tiene un sabor especial, intenso. ¿Cómo me siento a mí mismo en medio de la existencia cotidiana, cuando salgo a la calle, cuando paseo por el parque y contemplo los atardeceres, los árboles y los pájaros?.

Aprender a mirar, sentir la proximidad de las cosas y su íntima presencia, no ser nunca más indiferentes, esto constituye una experiencia de amor. No el amor como una idea romántica, o pura emocionalidad pasajera, sino como CONCIENCIA, aquello a través de lo cual nos acercamos a nuestra naturaleza verdadera.

Ejercicio del caracol

Este ejercicio se puede practicar en los minutos previos a la relajación y también en los siguientes. En total, seis o siete minutos aproximadamente. Pero puedes hacerlo en cualquier momento del día, preferiblemente cuando estés solo.

Durante esos breves minutos ocúpate de las cosas que tengas que hacer, pero hazlo muy lentamente, ralentizando los movimientos, como en la práctica del tai-chi. Y sobre todo, sé muy consciente del movimiento.

No te olvides de sentir tus pies y deja suelto y relajado tu cuerpo. Haz una sola cosa cada vez poniendo toda tu atención en ello. No te disperses con pensamientos vagos.

Permanece atento al espacio que te rodea, a los sonidos ambientales. Contempla las formas y colores de las cosas, el olor, la atmósfera de cada habitación de la casa...

El tacto es muy importante, y también la ternura con que deben tocarse todas las cosas, el pomo de la puerta, un libro que colocamos en la estantería, correr un visillo o lavar un plato.

Estás tratando de llevar la experiencia de relajación a tu actividad, permitiendo que se adentre en ella, así que trata de no prestar oidos al diálogo interno, al constante murmullo de los pensamientos.

Mientras te mueves lentamente, mantén la armonía y quietud interiores. Toma conciencia de tus gestos, de las cosas y del espacio que te acoge. Observa el movimiento desde dentro.

7

LAS IDENTIFICACIONES Y EL CUERPO

Acepta la vida. Déjala transcurrir. Tú no eres tu vida, eres solo un espectador que mira la acción que se desarrolla en el escenario.

El actor puede interpretar a un héroe, a un amante o a alguien que sufre, pero sabe que está actuando. No está identificado con el papel. *

---

* Lean Klein. La Sencillez del Ser. Ediciones Obelisco, Concejo de Ciento, 591 - Barcelona.

La mente se empobrece con la repetición y se conforma a los esquemas recibidos en busca de seguridad. En sus viejos moldes trata de meter todo lo nuevo que aparece. De este modo es incapaz de percibir la belleza del presente. Nada puede ser ocasión de gozo verdadero para una mente codiciosa. He aquí el relato de una triste historia que, con pocas diferencias, se asemeja a una vida cualquiera:

Preso de un aburrimiento existencial, me levanto cada mañana después de haber mirado sobresaltado el reloj. Como casi siempre, tengo mucha prisa. Tomo de pie y distraidamente mi frugal desayuno mientras escucho las primeras malas noticias del día. Protesto internamente por lo mal que funciona todo, por la corrupción de los gobiernos y por la estupidez del pueblo, hasta que mi mal humor quede enteramente justificado. Desde luego yo estoy al margen de todo eso. Rebusco con apresuramiento en el armario la ropa que voy a ponerme y paso al cuarto de baño. El espejo me devuelve la imagen de un rostro apagado, de mirada inexpresiva; alguien que casi no conozco. Al salir a la calle me cruzo con una o dos personas a las que saludo con indiferencia, puede que hasta con cierto fastidio. Y es que es tarde, no puedo pararme.

Miro distraídamente a mi alrededor, pues no hay nada nuevo; atravieso los lugares habituales sin prestar atención y me cruzo con otros tantos caminantes que tienen tanta prisa y van tan abstraídos como yo mismo. Como no hay nada que merezca mi interés, únicamente trato de poner cuidado para no chocar contra alguna farola o para cruzar la calle sin riesgos. Mientras camino no hago más que pensar en mis asuntos, en problemas personales o situaciones de mi vida. La cuestión económica me preocupa, pues aunque no lo confiese abiertamente, el dinero es lo que más me importa, pero mi espíritu codicioso queda justificado ante el amor que profeso a mi familia y la seguridad que a ellos le debo.

Alguna hora más tarde me encontraré discutiendo cuestiones de trabajo y atendiendo algunos compromisos.

A medida que avanza el día me voy sintiendo más tenso y cansado. Entre una tarea y otra hago una comida apresurada y tras una jornada extenuante, regreso de nuevo a casa completamente agotado, para sentarme frente al televisor, hasta que el cansancio y el aburrimiento me traigan el sueño intranquilo de esa noche.

Caer en la cuenta del sin-sentido de una existencia así vivida, es un golpe de suerte; un toque de gracia. Porque en ese caso, puedo hacer algo efectivo por remediar mi estado. De encontrarme resignado o satisfecho, será difícil que busque y encuentre una salida real al conflicto. HACER ALGO no significa necesariamente producir cambios externos, realizar un trabajo diferente, buscar otra pareja, otros amigos o irse a vivir a otra ciudad.

El cambio real es siempre interno y consiste en una toma de conciencia. No consiste en modificaciones superficiales, ni atañe únicamente a la conducta. Se trata de estar un poco más atentos, un poco más despiertos. Nuestra atención mantenida revelará una vida plena de sentido. Es entonces cuando el corazón del hombre se abre a la verdadera trasformación.

Esta conciencia no es únicamente conciencia de las cosas. La conciencia es sobre todo conciencia de sí mismo; descubrimiento directo y vivo de lo que «soy» en esencia. La psicología moderna ignora la posibilidad de esta clase de conciencia, y sólo habla de estados de conciencia o de contenidos de la conciencia... la conducta, los pensamientos, los estados emocionales... ¿Mas que hay del vasto campo donde todo eso está teniendo lugar? La conciencia como continente, verdadero SER del hombre...¿puede ser experimentada?. Nisargadatta relata de la siguiente forma su experiencia de liberación:

No necesitaba hacer ningún esfuerzo; el acto seguía al pensamiento sin tardanza ni fricción. También encontré que los pensamientos se colmaban a sí mismos; las cosas encajaban en su sitio suave y correctamente. El cambio principal fue en la mente; se volvió inmóvil y

silenciosa, respondiendo rápidamente pero sin perpe-
tuar la respuesta. La espontaneidad se convirtió en
un modo de vida, lo real se hizo natural y lo natural
se hizo real. Y, por encima de todo, un afecto infinito,
el amor, oscuro y silencioso irradiando en todas direc-
ciones, abrazando todo, haciéndolo todo interesante y
hermoso, significativo y auspicioso.[1]

Mas como esta experiencia le es ajena al hombre de la calle, pues la persona vive en el exterior de sí misma, entonces precisa ser «algo», forjarse una imagen, inventar una identidad a la cual agarrarse, un ego, un nombre o una idea, para no ser enfrentado a un vacío desolador. El alimento de un ego es su identificación con las diferentes cosas. El ego tratará siempre de ser «el más» en todo. El más rico (si se identifica con su dinero), el más brillante (cuando se identifica con su inteligencia), el más tonto (si quiere parecer humilde)... el que más sufre, el más generoso, el más... el más... Si se trata de un ego fuerte, seguro de sí y en cierta forma sano, se sentirá reafirmado en sus propias capacidades y logros. Si se trata de un ego débil y enfermizo, falto de autoestima, buscará sin cesar el apoyo de personas o instituciones que le den amparo; probablemente radicalizará sus posturas, haciéndose un fanático religioso o político probablemente esconderá su debilidad en formas violentas o de sumisión... etc.

Un hombre puede identificarse con objetos materiales o con valores espirituales, corrientes de pensamiento, etc. Buscará sentirse importante, sentirse ALGUIEN con un coche nuevo, buena ropa, sus opiniones «originales», su particular visión de la existencia... La identificación es identificación con todo.

También nos identificamos con nuestros estados negativos, bien porque creemos que ellos nos protegen... «si no soy agresivo o antipático me tomarán el pelo», bien porque saco un especial regusto siendo negativo, como ocurre en los cotilleos, la crítica... etc. Nos identificamos con las opiniones que

---

1. Nisargadatta. Yo soy eso. Ediciones Sirio. Málaga, 1988.

defendemos, enzarzándonos en violentas disputas, o con nuestro trabajo, con nuestra familia, con la posición social, el cargo que desempeñamos... y muchas cosas más.

Confundimos la identificación con el amor y pensamos que si no estamos identificados es que somos pasivos, indiferentes a todo y nos falta pasión por la vida. Sin embargo cuando se tiene la experiencia de un estado «desidentificado», es decir, de autentica libertad, no existe la indiferencia sino una extrema sensibilidad, sensibilidad que no se concreta ni fija a ninguna posición concreta, eligiendo alguna cosa para rechazar el resto.

Desde luego, la persona tiene necesidades, ilusiones y deseos a los que busca dar cumplimiento, y en ello no hay ningún mal, pero cuando todo esto se forja con sufrimiento y conflicto, entonces quiere decir que la persona está identificándose con sus logros, en una actitud codiciosa. Necesariamente, en el momento que esto ocurre, la persona se aparta de su SER, para buscarse a sí misma en las cosas que persigue. Lo hace porque cree que se sentirá plena y feliz al obtener lo que desea y así no perderá un momento en volver su corazón hacia su propio interior y curarse.

El hinduismo, y en particular la filosofía del Vedanta-Advaita, o camino de la no dualidad, revelan, a través de un metódico y exhaustivo examen, todo aquello que se superpone al SER y que lo oculta. Y es que todas las creencias falsas que el hombre tiene sobre sí mismo deben ser descubiertas antes de que pueda ser revelada su última y suprema realidad. Por esto la enseñanza Advaita invita a la reflexión inteligente y a un trabajo de desprendimiento gradual de todas y cada una de las envolturas que rodean nuestro SER y lo asfixian. Cuando se mantiene con perseverancia la atención y la desidentificación, emerge la naturaleza verdadera.[2]

YO NO SOY MI CUERPO; dice el Advaita, después de haber constatado con la experiencia la mutabilidad y la

---

2. Viveka-Suda-Mani. Edición traducida y preparada por Roberto Plá. Ediciones Sirio. Málaga, 1988.

impermanencia de la materia, manteniéndose como testigo último de todos los cambios. Todo lo nacido, se afirma, debe morir. Todo lo que tiene un principio, ha de tener un final; como consecuencia es no-ser, pues el ser «es» y no puede mudarse. No puede estar sujeto a nacimiento y muerte. Aquello que se modifica y sufre cambios, sólo en apariencia es SER. Como Heráclito «el oscuro» explicaba, la vida es como un río en el que no es posible bañarse dos veces.

¿Dónde se encuentra, pues, lo inalterable, lo permanente, el ser?.

> *Aquello que no podrá jamas dejar de ser;*
> *Aquello cuya calma nunca podrá turbar;*
> *Aquello que es eternamente libre,*
> *Eso es Brahman y eso eres tú.*
> *Medita sobre Él en el loto de tu corazón.*[3]

Mientras el hombre se identifica con la agitación de su mente y toca superficialmente la vida, permanece en el «no ser», donde sólo hay conflicto. Mientras creamos ser un cuerpo, estaremos sujetos al cambio, a la vejez, a la enfermedad y a la muerte. Lo que al cuerpo le ocurra, eso mismo creeré que me está ocurriendo a mí. El cuerpo es el primer objeto sensible que se presenta en la conciencia del niño, y por sentirlo tan cercano, en el hará residir su YO, o más exactamente LA IDEA DEL YO. De modo que, cuerpo físico y «ego», como entidad fantasmagórica, quedarán confundidos, cómplices de un error básico.

La identificación con el cuerpo supone, desde luego, una reafirmación para el ego, pues éste necesita de la sustancia material de aquél para sustentar una realidad que no tiene. El culto al cuerpo, por ejemplo, no es más que la proyección y la extensión del ego hacia el cuerpo. Después, los egos, con sus múltiples exigencias, torturarán los cuerpos hasta llevarlos incluso a la enfermedad. Para estar o parecer más jóvenes y más bellos, los egos someterán a la naturaleza física a inso-

---

3. Sloka 259 de Viveka-Suda-Mani (La Joya suprema del discernimiento).

portables disciplinas... operaciones de estética, dietas adelgazantes, prendas incómodas o que nos oprimen, zapatos contrarios a la lógica del plano del pie y a la posición bípeda, y tantos y tantos sacrificios más. Mientras tanto, el pobre cuerpo, con suma paciencia, trata de hacer lo posible por mantener un cierto equilibrio fisiológico y no enfermar. Soporta todas las tensiones y vejaciones a las que el «yo» le somete, lo mejor que sabe y puede.

También encontramos a ciertas personas que afirman muy seguras no estar en absoluto identificadas con su cuerpo y no tener aprecio alguno por él. Cuando esto sucede es porque la atención de los «egos» se ha derivado hacia otro campo donde encontrar una mayor satisfacción. Puede que si el cuerpo no nos parece suficientemente atractivo, se busque en la inteligencia, en el ingenio, en el dinero etc., el sustituto necesario. Pero en último término hay que comprender que el rechazo al cuerpo es nada más que otra forma de estar identificado con él. Es precisamente la importancia que se le otorga, la causa de su rechazo o de su ataque.

El cuerpo, al igual que una personalidad equilibrada y madura, son instrumentos que necesitamos para conocer la vida y comunicarnos. A través de los sentidos se siente y se conoce la existencia. Y cuando un cuerpo está libre de la tenaza del ego y la personalidad se hace trasparente al SER, permitiendo que la naturaleza profunda se exprese, la salud se instala en este ser humano, la belleza y la juventud aflorarán en él como consecuencia de una existencia armoniosa.

En presencia de la enfermedad, en la vejez y también en la proximidad de la muerte, el hombre se entregará con dignidad, sabiéndose internamente libre, más allá de toda forma física perecedera. Sintiéndose finalmente agradecido por todas las cosas que disfrutó, y desprendiéndose alegremente de todo ello en su última hora en esta tierra, morirá con gozo.

Como consecuencia del enfoque materialista con que nos enfrentamos a la vida, los seres humanos tendríamos que haber alcanzado una relación óptima con nuestro cuerpo, que al fin es materia; pero nos encontramos, sin embargo, con la

contradicción de habernos alejado de la realidad corporal. El cuerpo, más que sentirse, se piensa. El materialismo trajo consigo la hiperactividad del pensamiento, que se centró fundamentalmente en la idea de progreso. Inexorablemente y por descuido, las sensaciones físicas se fueron atrofiando y la sensibilidad se durmió en el cuerpo.

En una cultura tan materialista como la que nos ha tocado vivir, interesa la abundancia y el confort. No es éste un materialismo histórico, filosófico o político, sino el materialismo común del hombre de la calle; el modo en que la sociedad entera se enfrenta a la existencia; es decir, con completa superficialidad, buscando siempre lo más fácil y como consecuencia produciendo hombres débiles que encuentran en el consumo su escape al vacío.

El materialismo entraña una inmensa soledad y es porque carece de Espíritu que lo vivifique. El Espíritu y la Conciencia se contemplan como un epifenómeno de la materia. Algo que tiene su génesis en la propia materia. Y para el hombre que no puede creer más allá de lo que toca y ve, confinado a los límites de su razón, la adorará como a una diosa. Más la razón es bien poca cosa cuando no está impregnada de Espíritu. Cerrados a la plenitud del SER, no existe el verdadero gusto por la Vida

El ejercicio siguiente consta de dos partes. La segunda parte es una trascripción de un ejercicio que fué explicado por Jean Klein[4], en un seminario que tuvo lugar en Madrid en mayo de 1993. Ambas partes, primera y segunda, son una invitación a soltar. Uno no suelta ni se suelta, porque teme perder algo, de modo que habitualmente nos mantenemos a la defensiva, guardando nuestras posiciones. Ceder el control de la existencia es algo a lo que el hombre se resiste cuando todavía no ha aprendido a confiar en la vida. A pesar de la lucha y el esfuerzo necesario para la supervivencia, hay muchos y buenos momentos del día en que te puedes permitir el descanso y el gozo de existir.

---

4. Médico y musicólogo.

Al irte a acostar, dice Klein, tienes la oportunidad más grande del día, la oportunidad de soltarlo todo, de vivir tu desnudez. Es algo así como aprender a morir. La noche nos invita a una mayor interiorización. La tarea y la herramienta se abandonan al ponerse el sol y en ese momento debería también el hombre dejar sus preocupaciones, sus metas y sus pequeños planes y entrar en paz en el silencioso descanso de la noche. En una quietud consciente se reparan el sufrimiento, todas las inquietudes y frustraciones de la vida. Deseos y temores no deben llevarse al sueño. Todo debe ser dejado a un lado, en espera de lo que el siguiente día nos traiga. Entonces el descanso será real y al despertar habrá suficiente energía para ocuparse de «los afanes» de ese día.

Ejercicio para antes de dormir

Primera Parte:

Comienza tomando conciencia de los últimos movimientos que realizas antes de acostarte.

Procura ir despacio y pon un poco de orden a tu alrededor. Al quitarte la ropa, los zapatos, lavarte... vive ese desprendimiento. Toma la decisión interna de ir dejando todo lo que durante esa jornada te preocupó y dale a LA VIDA tus deseos, proyectos y esperanzas. Dale también el dolor y los temores; no te agarres a los pensamientos que te obsesionan. El día ha pasado y ya no te pertenece; déjalo ir con todas sus cosas buenas o malas, con tus errores y tus aciertos. Dalo todo por concluído y experimenta la libertad que esa decisión te trae.

Segunda parte:

Antes de entregarse al sueño la persona debe tumbarse y extenderse totalmente. El cuerpo debe ser el objeto de su observación.

Es interesante empezar por los pies, sentir los talones y el contacto de los talones con la cama; y soltar todo el peso en

este contacto como si quisieras evaluar el peso; como si cogieras una naranja en la mano y evaluaras: tiene 200 gramos, tiene 300 gramos... Evalúas el peso que depositas sobre este contacto de los talones sobre la cama; el contacto de las pantorrillas sobre la cama; la parte posterior... los omoplatos, los codos, las muñecas y la cabeza. Son numerosos puntos de contacto y en cada punto haces como has hecho con el talón. Y en un momento debes reunir todos los puntos de contacto para que sean sólo uno.

Tu observación se encuentra totalmente en el exterior. El cuerpo está en tu observación, pero tu observación no está en el cuerpo.

Y entonces, si lo has hecho (bien) como se debe hacer, vas a tomar conciencia de la temperatura de tu cuerpo y cuando despierte la temperatura, ella reabsorbe el peso y toda tu energía va a florecer. Y ahí se va a hacer la trasformación de la estructura somática.

¡Debes hacer esto todas las noches al acostarte! Se va a crear una memoria de esta descontracción y te vas a acordar de esto que he dicho de que el cuerpo es una imagen que se ha formado en tu infancia y que cuando dices... ¡mi cuerpo!, sólo te refieres a esa imagen.

Ahora, entrégate ya al sueño. (J. Kein, Valle de los Caídos, 1993).

8

EL MUNDO Y YO

Tirar con el arco y bailar, colocar flores y hacer esgrima, pintar o luchar, en el fondo todo es lo mismo.

(de un texto japonés)

La constancia en la práctica de la relajación devuelve gradualmente al cuerpo la sensibilidad perdida. Ordinariamente el cuerpo lo sentimos cuando una parte de él nos duele... si nos dan un golpe; si me pincho en un dedo o si me quemo con unas gotas de aceite hirviendo. Por el contrario, el cuerpo no lo sentimos y se olvida por entero cuando no se experimenta dolor en él. En ausencia del síntoma doloroso, es como si no existiera.

Sin embargo, es perfectamente natural SENTIR EL CUERPO cuando éste está perfectamente sano. Recordar, por ejemplo, la agradable sensación que se experimenta cuando te extiendes sobre la cama después de la práctica de un ejercicio físico agotador. En esos momentos reconfortantes, no hay pensamientos que nos perturben, el cuerpo ocupa un primer plano, pues la actividad mental desordenada se aquietó con el esfuerzo, así que las sensaciones corporales se presentan vivas y se siente el gusto del cuerpo por el descanso.

La relajación hace que nuestra existencia cotidiana sea más consciente y feliz, y que se puedan recuperar, día a día, un mundo de sensaciones perdidas. Nos es posible experimentar entonces la alegría natural del cuerpo y su disposición a la vida. En la apreciación que tiene de sí mismo un cuerpo despierto, hasta las cosas más sencillas se revelan en todo su esplendor... El tacto, la mirada o la escucha, libres del esquema del pensamiento, se recrean en la vida.

Por otra parte, hay que hacer notar que percibir los bloqueos corporales y comenzar a relajar las zonas afectadas, influye directamente sobre el problema psicológico que los estaba originando. Al ir trabajando suavemente, prestando atención a una tensión corporal concreta, se está incidiendo secundariamente sobre el conflicto personal perturbador. Comprender bien esta relación de mutua dependencia entre el cuerpo y la mente, tomando conciencia de lo que nos pasa, reestablecerá poco a poco el equilibrio y nos evitará muchos sufrimientos innecesarios.

Una vez que comienzo a sentirme internamente más libre, tanto en lo físico como en lo mental, constato con alegría que

es imposible dejar de relacionarme con todo cuanto a mi alrededor existe. Al tiempo que disfruto enormemente de la experiencia de mi cuerpo vivo, se produce un misterioso acercamiento hacia los objetos más próximos... la ropa sobre la piel, el calzado, el viento que me refresca el rostro... De pronto, todo se vuelve más real.

La práctica de la relajación sería poca cosa si se limitara con exclusividad al interés por el propio cuerpo. Esto podría incluso constituir una forma más de aislamiento, como cuando un molusco se encierra en su concha y desaparece dentro de ella. La relajación ha de expandir la atención hacía el vasto espacio, incluyendo amorosamente todo lo percibido.

La creencia de considerarnos como individuos separados, aislados en medio de un mundo opuesto y diferente a nosotros, hace que nos sintamos amenazados. Yo siento que la vida, como algo distinto a mí mismo, se enfrenta y opone a mis deseos y necesidades, y he aprendido a ver en cada objeto, en cada ser humano que se cruza conmigo, un enemigo potencial.

Esta visión pesimista del mundo, procede no tanto de las situaciones reales concretas, sino de un aprendizaje que tuvo lugar en la infancia y de una suerte de contagio generalizado. Es así que con cada dificultad y en cada recodo de la vida, el miedo, la sospecha y la inseguridad fueron creciendo. Todo ello me ha servido para la forja de una coraza, física y emocional, que me mantiene aislado de la vida.

Este lento, pero firme y asentado proceso de aislamiento, se produce tempranamente durante la infancia, y queda después plenamente justificado ante la necesidad real de protegerse del medio, de defenderse y sobrevivir. La consecuencia ha sido una actitud generalizada de franca desconfianza; de agresión, y en la práctica habitual de la mentira, la ocultación y el disimulo.

Nuestra tan moderna y sacrosanta civilización dispone de los más sofisticados medios para conseguir desgajar al hombre de su medio natural, la tierra, que puede ser inclemente pero también amorosa, y de los valores espirituales (intrínse-

camente ligados a la naturaleza humana) que otras tradiciones más viejas y sabias alentaban. De esta manera, inquieto y DES-UNIDO, el hombre civilizado se convierte, según los casos, en un depredador o en un dócil y asustado corderito. El precio que los seres humanos han tenido que pagar por el mal llamado «progreso» sin duda ha sido muy elevado... la depresión, la neurosis, el miedo y la soledad.

Lo que con tanto orgullo denominamos «progreso», no ha hecho sino terminar de separar al hombre de los procesos naturales, tales como el nacimiento, la procreación, o la misma muerte. Los individuos altamente «culturizados» se sienten tranquilos al pertenecer a una cultura prepotente que viene a cubrir sus necesidades y capaz de producir cada vez mayor confort y abundancia.

En busca del amparo de las macro-instituciones, que al final se traduce en una dependencia de ellas, se ha ido produciendo, paulatinamente, el distanciamiento de la VIDA. El hombre ya no es dueño de nada; nada le pertenece, ni por derecho, ni por saber. Ni la salud ni la enfermedad, ni los alimentos que se lleva a la mesa, ni la cultura o la educación de sus propios hijos, es ya cosa suya. Todo esto queda para los especialistas o está en manos del ESTADO.

El ser humano, impotente, desprotegido e indefenso, perdidas y olvidadas sus viejas habilidades, su ancestral conocimiento, su entrañable vida familiar, el apoyo tribal, y confinado en las urbes lejos del contacto vital y curativo de la tierra... ¿qué otra cosa puede hacer sino entregarse pasiva y sumisamente, buscando la protección que le ofrecen las grandes instituciones o la ciencia?

Sabemos que en tiempos no muy lejanos, el hábil y paciente artesano, verdadero amante y conocedor de su oficio, elaboraba con dedicación y cuidado su obra, de principio a fin, sin importarle tanto el tiempo dedicado, como el esmero que ponía en su manufactura. De esta manera, un pequeño utensilio, tan humilde y funcional como un puchero de barro o un pequeño alfiletero, constituían una pieza única, casi una obra de arte, bella y útil. Así, la cocina, el comedor o el dor-

mitorio, recordaban al hombre el valor de las cosas, pues cada hogar se llenaba de objetos sencillos que las generaciones conservaban con respeto. Un aparador, una pluma estilográfica o un reloj nunca se fabricaban ni se compraban para un reemplazo inmediato tras un breve y descuidado uso, sino para una larga y entrañable compañía, convertidos de esta manera en testigos mudos de la historia personal y familiar.

Inversamente, el trabajo en cadena, que abarata considerablemente el coste del producto y nos permite como consecuencia poseer un gran número de cosas, (inservibles, muchas veces), impide sin embargo aquel encuentro entrañable con el mundo mágico de los objetos que en otro tiempo se daba. Tanto el obrero que participa en la fabricación en serie, como el comprador que adquiere en el mercado un determinado producto, carecen de un acercamiento afectivo hacia éste. El obrero se limita a formar parte de una larga y aburrida cadena de fabricación, de la que no es más que un eslabón, una pieza más de la gran máquina. El comprador, por su parte, después de una momentánea explotación del objeto, en la que su sed de consumo ha quedado satisfecha, dejará enseguida de prestar atención al utensilio que adquirió, y pronto pasará a reemplazarlo por otro más caro y más moderno.

Una cultura tan derrochadora como la nuestra, tiene, además, un buen número de artilugios de uso frecuente que son de usar y tirar. Manteles y servilletas de papel, vajillas, embalajes, objetos de tocador y escritorio... Todo desechable. Todo para un brevísimo uso. En este sentido, vemos como la macro-economía favorece que la moda cambie constantemente, sólo por necesidades de mercado. De esta forma, aparentemente inofensiva, el consumo termina convirtiendo al hombre en un ser compulsivo y egoísta. Su indiferencia con las cosas que usa, para luego enseguida tirar, significan a la postre, desprecio y desamor; sentimientos ambos que serán soterradamente alentados, produciendo un vacío de Espíritu.

Al ser tan breve y fácilmente reemplazable la vida de nuestros queridos objetos familiares, nos acostumbramos a tratarlos con precipitación y descuido, lo cual nos va volviendo cada

vez más indiferentes y fríos. El consumo nos empuja a comprar más y más, pues tantas más cosas poseo, más importante pareceré a los ojos de los demás. Pero por desgracia, nunca una civilización ha tenido tanto y tampoco como hoy, los hombres se han sentido tan solos, tan enfermos y vacíos.

Porque la tristeza se presenta cuando uno se olvida de mirar a su alrededor con un sentimiento de afecto. Cuando ya no se siente aprecio por lo que se tiene en las manos y no queda tiempo para recrearse en la existencia. La tristeza es una llamada a la Conciencia y en ese sentido hay que darle la bienvenida. Poco a poco, manteniendo con perseverancia la atención hacia lo interno y después también hacia lo externo sintiéndose UNO con ello, va creciendo sin esfuerzo el sentimiento profundo de SER. Cuando la persona se aproxima a la vida deja de sentirse aislada y se cura.

La existencia se vuelve sagrada cuando esto sucede. No importa cual sea nuestra tarea o en que nos ocupemos, pues todo será al final lo mismo, un acto consciente. Si acaso visitamos cada día el templo y recitamos los salmos con rutina, mecánicamente, esto sólo será para nosotros actos profanos, sin ningún valor, sin poder de trasformación. Mas cada pequeño paso que se da con conciencia constituye una aproximación feliz a la vida y en ese punto somos trasformados.

Los siguientes ejercicios son una práctica de la ternura y el agradecimiento: A través de ellos es posible un acercamiento real a la vida. Las teorías, por muy bellas e interesantes que resulten, no son nada si no se ejercitan en medio de la existencia cotidiana, con una mirada sosegada y amable hacia las cosas creadas.

El árbol

Es fácil amar a los árboles. Uno se siente especialmente atraído hacia ellos porque son acogedores y fuertes. El árbol tiene su crecimiento en un doble sentido, por esto constituye un ejemplo viviente del vínculo sagrado entre la tierra y los

cielos. Entre lo superior y lo inferior. El árbol hunde sus raíces en el seno de la amada tierra para desde allí crecer hacia arriba y dar abundante fruto, cobijo y sombra. El árbol es un buen amigo del hombre. Más viejo que él en esta tierra, le puede enseñar paciencia y sosiego, verticalidad y silencio.

Ejercicio

Visitad un parque o alejaros de la ciudad hacía el campo y elegid un árbol que os parezca fuerte y hermoso. Acercaos a él con respeto y miradle unos instantes con detenimiento... Su tronco, sus ramas verdes y frondosas, las raíces sobresalientes, pero también su entorno más próximo: pájaros, insectos, la tierra...

Contempla la sombra que proyecta sobre el suelo y después penetra en ella como si fuera un lugar sagrado. Siente que comienzas a formar parte integrante de él, de su belleza, de su energía, de su generosa presencia. Acércate un poco más y pasa tu mano por su rugoso tronco y abrázale aunque no puedas abarcarlo. Deja que tu corazón esté tan próximo a él, que el árbol pueda sentir su latido. Después de unos momentos trata tú de escuchar también su vida silenciosa. Intenta penetrar y fundirte en su ritmo interior. Siente todo el árbol como una sinfonía perfecta de la que tu mismo estás formando parte.

Si lo deseas, puedes pedirle algo. Por ejemplo, que se lleve tu tristeza o tu malhumor. Puedes pedirle constancia o fortaleza. Él te dará cuanto necesites sin pedir nada a cambio. Así que no te olvides de darle las gracias, no te vayas sin darle una palabra de amor. Cuando estés lejos de él y te sientas mal, enfermo o cansado, acuérdate de la energía que te dió cuando estabas en su presencia y vuélvesela a pedir evocando en tu mente su imagen y la sensación que entonces tuviste. Seguramente te vas a sentir confortado.

Regresa siempre que te sea posible para hacer una visita a tu amigo y permítele que te siga enseñando cosas... Con el tiempo, te parecerás más a él... dejarás de quejarte por todo, de apoyarte en tus debilidades, de sentirte importante... y recuperarás en cambio la alegría, te sentirás con más energía física y mayor fuerza interior.

El agua

Ejercicio

Pon tus manos bajo la corriente de agua y siente su frescor, el gozo que se experimenta. Lleva luego las manos, todavía húmedas, a tu frente, a tus ojos, al pecho: humedece tu nuca y los labios. Si tienes alguna molestia en tu cuerpo, seca cuidadosamente tus manos mojadas y llévalas a la zona dolorida. Cierra los ojos y concéntrate en su influjo beneficioso.

Cuando llueva, sal a la calle y déjate refrescar por el agua que cae sobre tí mientras caminas. Recíbela como una bendición de los cielos, pues esto es lo que es. Cuando tengas la fortuna de estar junto al mar, un río o un humilde arroyuelo, sumérgete en él o cuanto menos, introduce tus manos en la corriente y comunícate en silencio con la vida que fluye alegremente. Escucha, huele... saborea, juega con el agua. El contacto con el agua es siempre purificador.

El sol

Al salir el sol cada mañana se nos anuncia la alegría del universo. Por unos breves momentos el sol aún te dejará que le mires. Es cuando nos alcanza la primera cálida caricia que recibimos de la mañana después del frío de la noche. Con el sol todo resplandece, su luz se expande por el mundo y nos envuelve. Cuando el sol aparece nos llega el recuerdo de nuestra naturaleza luminosa.

Ejercicio

Mira el sol cada mañana y recuerda la luz interior de la comprensión. Busca dentro de tí la luz. Visualiza tu cuerpo internamente iluminado.

Si nos es posible, asistiremos cada mañana a la salida del sol. Solicitados por la primera luz del alba, esperaremos silenciosamente que el sol aparezca en el horizonte. Hay que mantenerse

en un estado de atención próximo al asombro, al maravillamiento. Y cuando el sol asome, comenzar a sentir en el cuerpo, en el rostro, en las manos, el toque de sus primeros rayos.

Abrid la boca y bebed el sol, dejando que su cálida luz penetre en el cuerpo y lo cure de todos sus males, reales o imaginarios. Permitir que la luz disipe nuestro estado de ignorancia.... Respirar el sol. Intentar elevarte como si se quisiera tocar el sol con las manos.

La tierra

El amor de Genaro es el mundo. Ahora mismo estaba abrazando esta enorme tierra, pero siendo tan pequeño, no puede sino nadar en ella. Pero la tierra sabe que Genaro la ama y por eso lo cuida. Por eso la vida de Genaro está llena hasta el borde y su estado, dondequiera que él se encuentre, siempre será la abundancia. Genaro recorre las sendas de su ser amado, y en cualquier sitio que esté, está completo.[1]

Ejercicio

Cada vez que te lo puedas permitir, descalza tus pies y ponte en contacto directo con la tierra. Ya estés sobre un lecho de arena, de piedra o de fresca y verde hierba, acaríciala suavemente y toma conciencia de ella a través de tus pies. Deja que te trasmita su energía, que te ayude a caminar; cada pisada sobre la tierra debe constituir un recuerdo de nuestro amor por ella.

Dirígete a ella y háblale lo mismo que lo harías con tu madre. Si la recorres con atención y cariño, advertirás muy pronto que existen ciertos lugares que te llaman especialmente, donde la conciencia de la tierra te habla. Acude a esos lugares y mantente silenciosamente a la escucha con tu corazón abierto.

---

1. Relatos de Poder. Cárlos Castaneda

Si alguna vez tienes problemas que te parecen insalvables, excava con tus manos en la tierra un pequeño agujero y pídele a tu poderosa madre que con su amor se lleve los males que padeces y que una vez trasformados los devuelva luego a la luz, convertidos en belleza.

Háblale a la tierra de tu amor por ella y hazlo sin pudor. Y sobre todo y en cualquier momento y lugar, no olvides que tus pies están permanentemente en contacto con el planeta, recibiendo su energía y repartiéndose luego por todo tu organismo.

La limpieza de la casa

Una vez al año se procede a limpiar la gran estatua del Buda. Se encargan de esta tarea un grupo de sacerdotes que escalan el cuerpo de Buda con sus fregonas para quitar el polvo que se ha almacenado con el tiempo. Enjabonan con dedicación sus enormes dedos, su espalda, su vientre y su enigmática sonrisa. Antes de efectuar el ascenso, los sacerdotes oran y piden disculpas al Buda por su atrevimiento. No se trata de una tarea más, sino que es un trabajo a lomos de Aquél que ellos mismos llaman "El Despierto".

Pero el universo entero es el cuerpo de Buda, como el universo entero es el cuerpo de Cristo; el universo entero es Brahman, porque... ¿que cosa podríamos mantener apartada, fuera de DIOS?. Todo tiene su morada en el Espíritu.

Ejercicio

Cuando te dispongas a hacer la limpieza de tu casa ten presente que todo vive en el Espíritu. Es tu oportunidad de acariciar las cosas, una por una, con atención; todos aquellos objetos que te acompañan, que te son útiles y que hacen tu hogar más bello.

No sólo estás limpiando el polvo, sino que amas tiernamente cada cosa cuando la acaricias con la gamuza o cuando la frotas con un estropajo.

Tal vez no te sea posible mantener la atención mucho tiempo, pues la mente tiende a dispersarse muy pronto, pero quizás puedas, durante cinco minutos, tomar conciencia de lo que estás haciendo, y moverte con sumo cuidado dentro del pequeño universo que te rodea: tu casa.

Trabaja silenciosamente, comunicándote en secreto con las cosas que viven contigo en tu hogar. No seas tan atropellado, tan indiferente.

Si mantienes esta actitud con perseverancia, te verás libre del fastidio que ha supuesto para ti, tal vez durante muchos años, hacer cierto tipo de trabajos socialmente tachados de serviles y poco interesantes.

La comida y su preparación

En nuestros días se va adquiriendo cierta cultura «dietética». Sabemos bien lo que necesitamos comer y conocemos las propiedades de los alimentos. Para estar bien nutridos se precisa una combinación de proteínas, hidratos de carbono, vitaminas, etc. Desechamos lo que nos engorda y procuramos mantener un equilibrio en la dieta de manera que ésta contenga cuanto precisamos.

Pero hemos olvidado lo más importante; la tranquilidad. Comenos con precipitación, de una forma rápida y distraída, engullendo los alimentos casi sin masticar, mientras discutimos o contemplamos todos los horrores de los telediarios...

Sí. Nos hemos olvidado que comer es un acto sagrado. Cuando comemos nos estamos haciendo «uno» con lo comido. Y si la atención es un ejercicio que debe ser practicado constantemente, el descuido a la hora de comer supone una gran ignorancia.

La tierra nos ofrece sus frutos, los alimentos van madurando despacio al sol y son auténticos portadores de vida. Se sacrifica la vida de animales jóvenes o se les mantiene en cautiverio para nuestro sustento y como respuesta a todo ello, los seres humanos no se acuerdan de dar las gracias y comen con absoluta indiferencia.

Ejercicio

Entra en tu cocina como entrarías en un lugar sagrado. Prepara los alimentos con atención y respeto. Son los dones de la tierra para ti. Procura mantener un cierto orden mientras cocinas. No realices movimientos bruscos, atropellados. Siente el tacto de las cosas... las manos trabajan, curan y aman. Piensa también en aquellos para los que cocinas; ellos recibirán el amor que pongas en tu trabajo.

Cuando lleves los alimentos a la mesa y te sientes para comer, párate un momento y míralos extendidos sobre el mantel como una ofrenda de la madre tierra para sus hijos. Da las gracias internamente. Ser agradecidos abre el corazón y nos conecta con LA VIDA. Después, come despacio y recréate en los sabores; no parlotees demasiado y sobre todo no guardes tus enfados para ese momento.

Si comes de esta manera, masticando bien los alimentos y con el ánimo distendido y feliz, es seguro que vas a visitar menos al médico, porque la comida será tu medicina.

Los seres humanos

Hay que tener presente que la relación con los seres humanos, a pesar de enriquecernos y ser imprescindible para nuestro desarrollo, es probablemente la más difícil de todas. De modo que no te desanimes si este ejercicio no te ofrece los resultados que tú esperabas, y las personas no comprenden ni valoran el esfuerzo que realizas o el amor que pones en tus acciones.

Este ejercicio te va a dar la oportunidad de observar cómo reaccionas internamente a los agravios y a la indiferencia ajena. Verás la cantidad de quejas que vamos acumulando sobre la condición humana mientras que nosotros pretendemos situarnos en una posición de privilegio respecto a los demás.

Ejercicio

Sin llegar a ser entrometido ni pegajoso, intenta durante todo un día tomar bajo tu tutela a un ser humano cualquiera.

Algo así como si fueras su Ángel de la Guarda. Tiene que tratarse de alguien con el que tengas trato frecuente, y mucho mejor aún si eliges una persona que te sea especialmente incómoda o antipática.

Sin que tu «protegido» lo advierta, antepón en todo momento sus intereses a los tuyos propios, facilitándole en lo posible esta jornada. Por ejemplo, dale la razón a menudo, obséquiale con algo o hazle pequeños favores. Escucha con atención todo lo que quiera contarte ese día e interésate sinceramente por él.

Acuérdate de sonreirle alguna vez y no le critiques. Pasa por alto sus fallos... Trata de imaginar como se siente, sus cambios de humor y hasta sus enfados.

Cuando lleves unas horas sin verle, visualízale feliz y envíale desde dentro tus mejores deseos.

9

CONSIDERACIONES SOBRE
EL PENSAMIENTO POSITIVO

*Abandona todo pensamiento de miedo
y dolor. El dolor es una ilusión. El júbilo
es real. El dolor es dormir, el júbilo despertar.*[1]

---

1. Un Curso de Milagros.

Se han escrito numerosos tratados, se predica y potencia la práctica del llamado «pensamiento positivo». Se encuentran libros de bolsillo de aprendizaje rápido, manuales de divulgación y orientación casera «resuélvelo-todo».

Se promete que la vida cambia cuando se piensa «positivo». Se trata de una receta mágica y tiene muchos adeptos ingenuos y bienpensantes. No hay ni que decir que el pensamiento positivo se vende bien. Mentalizaciones y visualizaciones, repetición monótona de sentencias asertivas. Todo encaminado al éxito a través de una práctica sencilla y que se asegura eficaz.

Sin embargo hay que dudar que todo ello sea tan simple como a primera vista parece. No es que no se obtengan resultados, sino que cualquier posible logro quedará a un nivel muy superficial si la persona, antes que nada, no ha iniciado el camino del autoconocimiento y no se ha vuelto desgarradamente honesta consigo misma.

La práctica del pensamiento positivo parece más bien una forma de empecinamiento que pretende ignorar la raíz del sufrimiento y las dificultades personales que están operando. Antes de corearse a sí mismo frente al espejo repitiéndose varias veces lo maravilloso que uno es y sus capacidades extraordinarias, hay que aprender a mirar sosegadamente el interior y «ver» que es lo que encontramos allí. El hombre de la calle puede pensar que el reconocimiento y aceptación de su «sombra», o lado oscuro, es una actividad negativa, resistiéndose a conocer los «demonios» que habitan su casa psicológica.

Pero contemplar serenamente y sin temor la negatividad, el desorden o la contradicción internas, no es en modo alguno una actividad negativa, que nos haga daño. Si uno no se identifica con lo que ve y siente, el mirar resulta liberador y es la actividad más positiva que existe, porque permite que la verdad sea descubierta. «El mirar» no rechaza ni justifica nada; simplemente disipa la ignorancia. Únicamente es preciso no identificarse con «aquello» que aparece; es decir, no asociar el «yo» a ninguna emoción negativa.

Desde luego no hay que asustarse de aquello que podamos encontrar en nuestro interior, pues ni los monstruos ni los demonios, tienen existencia real. Son nada más que fantasmas prontos a desvanecerse a la luz de la comprensión. Por mucho que perseveremos repitiendo en voz alta una idea positiva o la escribamos cien veces en un papel, nada será resuelto definitivamente si uno «no comprende».

Únicamente cuando se acepta el conflicto, el miedo o la inseguridad, existe la posibilidad de librarse de todo ello. No es enterrando toda la basura acumulada o haciendo como que uno no la ve, la manera en que se puede dejar de ser víctima de los problemas que se padecen. No debe ser ignorado lo que existe en las capas más profundas y menos visibles de la personalidad, sino que es preciso descender a los propios infiernos. Allí donde las llamas son más altas, se encuentra la salida.

El pensamiento positivo puede ser una herramienta útil, sobre todo si se acompaña de la comprensión del origen del problema y si se apoya con un trabajo de visualizaciones correctas. Pero tal como se practica y se presenta en el gran supermercado espiritual, resulta tan pueril que en ningún caso tiene el poder de trasformar la vida de una persona. Puede, eso sí, ayudar a mejorar ciertos aspectos de la existencia ordinaria, para el logro de pequeños éxitos o para corregir una conducta inadecuada. Pero el pensamiento «positivo» lo será unicamente cuando proceda de una naturaleza genuinamente «positiva»; es decir, cuando provenga del «Yo Real» y no esté ya sujeto a los deseos arbitrarios de la personalidad o proceda de programas que establecemos para nuestro propio interés.

El pensamiento positivo, tal como lo conocemos, consiste en una actividad mental periférica, que no requiere Conciencia verdadera. Como consecuencia, obtiene resultados superficiales. Viene a sustituir un programa mental por otro, tratando de ajustar mecánicamente una conducta y modificando un estado emocional indeseable. De modo que el pensamiento positivo puede operar como un freno que impida que afloren a la superficie emociones y actitudes negativas.

Dicha programación queda regida por una serie de consignas de carácter «positivo», conducentes al éxito.

La auténtica positividad consiste en aprender a «soltar», Es un acto de fe y confianza. Hay que entender bien que confiar no implica temeridad, imprudencia o falta de previsión. Confiar es simplemente saber permanecer internamente libres de preocupación después de que uno ha hecho lo que era preciso hacer en una situación concreta. Cuando utilizamos el pensamiento positivo para el control de nuestras vidas no hacemos sino volvernos más y más egoístas y puede que, no sólo no nos libremos de la negatividad, sino que ésta quede perfectamente camuflada bajo apariencias «pseudopositivas» que refuercen aún más las posiciones egóicas.

Hay que ejercitarse en ir observando las multiples contradiciones internas... Queremos, por ejemplo, librarnos de nuestro malestar o de un estado depresivo, pero por otro lado nos resistimos a renunciar al resentimiento, a pasar por alto las ofensas que hemos sufrido y nos entregamos de lleno al ejercicio de la «autocompasión».

Deseamos estar alegres y sentirnos muy felices, pero eso sí, continuar siendo egoístas y codiciosos. También buscamos ser amados, admirados y comprendidos y que nuestros amigos sean indulgentes con las faltas que cometemos (sin malicia, claro está). Sin embargo y con respecto a los demás, nos mostramos rencorosos y violentos... Nos resistimos a dar nuestro afecto para no ser jamás lastimados, acorazandonos y siendo inflexibles en los juicios que damos. Guardamos también con celo memoria de los agravios recibidos, porque olvidarnos parece peligroso.

La incongruencia y la contradicción, pues, forma parte integrante de nuestras pequeñas y mezquinas vidas. Esta miseria existencial pretendemos curarla con una fachada de espiritualidad, pero nuestro sentimiento religioso es tan superficial que no puede erradicar el miedo de nuestra vida y los «egos» se resisten a ceder su control.

Así pues, y aunque nos declaremos creyentes y nos consideremos personas muy religiosas, las tensiones y todas las

formas de negatividad que alentamos no hacen sino poner de manifiesto un ateísmo negado, pero sustancialmente real. Tenemos la reconfortante ilusión de que «creemos», por que nos conformamos a un credo, pero la evidencia muestra que esto no es verdad.

Lo que comunmente entendemos como religiosidad puede no ir más allá de una necesidad personal de consuelo o de supervivencia eterna. Además, en la vida cotidiana, con la «fe» en la intervención de Dios en nuestros asuntos, nos quedamos más tranquilos respecto a posibles desgracias imprevistas.

El hombre cuya conciencia no ha evolucionado es completamente incapaz de elevarse por encima de los intereses particulares de su pequeño «yo». Un «yo» que cree ser el centro del universo y que busca atención individual y privilegios. Un ego no puede nunca ser religioso pues su naturaleza es «la separación». Religión viene de re-ligare, volver a unir aquello que parecía desunido. Más los egos dividen, acaparan, separan. No hay en ellos nada verdaderamente re-ligado, religioso.

Ser positivo es bastante más serio de lo que puede parecer. No basta con manifestar buenos deseos de vez en cuando, como cuando decimos que «queremos la paz en el mundo», o hablamos del amor y ofrecemos alguna dádiva. Tampoco consiste en cambiar un programa mental negativo, estableciendo en su lugar otro de caracter «positivo», porque esto nos llevaría únicamente a resultados mecánicos. Nunca podría darnos más conciencia ni otorgarnos una felicidad duradera.

Trabajo sobre las emociones negativas

Hablaremos ahora de lo que hay que hacer cuando nos sintamos alcanzados por un estado negativo. Se trata de un verdadero trabajo de trasformación, de alquimia interior. No tiene nada que ver con nuestras habituales respuestas que consisten en «reprimir» o en una reacción externa de ataque

que constituye una especie de catarsis momentánea. Tampoco consiste en permanecer en un proceso de rumia infectada de negatividad que el propio pensamiento alimenta. No es autocompasión ni auto-complacencia en la negatividad, todo esto, lo sabemos por propia experiencia, no hace sino debilitarnos más.

Ejercicio

No importa que clase de emoción negativa padezcas párate un momento y observa lo que sucede en tu interior. (No pongas ningún nombre a "aquello" que crees estar sintiendo. No lo llames rabia, nerviosismo, angustia... etc); simplemente es una energía que se mueve dentro de tí. Así que permanece atento a las sensaciones que hay en tu cuerpo... «un nudo» en la garganta, un «escozor» en los ojos, una «crispación», etc. No justifiques el estado que estás viviendo con razones lógicas porque ello te aleja de la sensación y el sentimiento vivos.

No perpetúes un diálogo interno que no sólo no sirve para nada, sino que además cristaliza un estado negativo y lo alimenta. Permanece internamente silencioso y permite que el cuerpo se exprese. Respira ampliamente y relaja las tensiones que encuentres para que la negatividad no tenga un sostén físico.

Acoge todo lo que hay dentro de ti y decídete a conocerlo. Ábrete a las percepciones de tu cuerpo y verás que tu actitud de acogida va disolviendo y trasformando el conflicto que padecías. Simplemente escucha tu cuerpo... observa silenciosamente... En poco tiempo te vas a sentir más libre del problema. Ahora ya no eres su cómplice ni le das tu energía, por lo tanto ninguna forma de negatividad puede sostenerse ya.

Alégrate internamente por estar vivo, aprendiendo las lecciones que te da la vida, permanece todavía unos minutos más escuchando la tranquilidad de tu cuerpo relajado y ábrete a los sonidos ambientales, (tráfico, el tic-tac del reloj, el ladrido de un perro callejero o tu propia respiración).

10

¿QUIÉN SOY YO?

Si uno indaga «¿Quién soy yo?» dentro de la muerte, el «yo» individual cae abatido tan pronto uno llega al corazón e inmediatamente la Realidad se manifiesta como el Ser perfecto, el Yo Absouto.*

---

* Arthur Osborne. Las Enseñanzas de Bhagavan Sri. Ramana Maharshi. Editorial Kier. Av. Santa Fé, 1260 Buenos Aires.

El camino que hay que recorrer consiste en un gradual despertar, teniendo la experiencia viva, incomparable, de nuestra presencia en el mundo. La relajación nos predispone a la calma y una vez que las aguas del psiquismo se han aquietado y vuelto trasparentes, reconocemos en el silencio y encontramos en lo íntimo el Ser que somos. Pero es preciso seguir insistiendo para que «la relajación» no se confunda con una actitud perezosa, un estado de sopor o de sueño. La relajación que aquí se propone es descanso y atención al mismo tiempo. Consiste en aprender a permanecer activamente pasivos, en un estado de libertad interior que atañe tanto al cuerpo como a la mente.

Pero los seres humanos pocas veces se permiten el descanso; el hombre está demasiado asustado en el mundo en que vive, manteniendo la guardia levantada y defendiendose de imaginarios enemigos. No se concede un respiro en medio de su jornada y hasta su sueño nocturno está lleno de sobresaltos. Porque el «yo» se siente siempre en peligro, siempre amenazado y constantemente necesitado de externa reafirmación. Esto termina produciendo una gran fatiga pues el «yo» se ha llevado toda la energía disponible.

Efectivamente, un hombre puede emplear mucha más energía en cuidar «la imagen» que tiene de sí mismo que la que sería necesaria para su supervivencia biológica. Una energía desperdiciada en las tensiones que provoca el temor al fracaso; ante la compulsiva necesidad de quedar siempre bien, de gustar y ser admirados. Una energía que la codicia del «yo» administra.

Para defender esa imagen que uno tiene de sí mismo, se crea una estructura rígida, casi impenetrable, que oculta la verdad del SER. Pero «la imagen» es siempre algo irreal, el reflejo de un personaje de ficción del que no podemos encontrar huella alguna. Ignorantes de nuestro verdadero SER, hicimos de este ilusorio personaje el protagonista central de todos los sucesos de la vida, el eje de los diferentes estados por los que íbamos pasando, el dueño de todos los pensamientos, de todas las emociones vividas. Sin embargo, este

personaje cotidiano y familiar, no es más que un habitante fantasmagórico que la mente ha inventado para no asomarse a su propio vacío.

Resulta por tanto extraordinario que la causa de nuestros males y tensiones físicas y psicológicas, tenga su origen en una entidad inexistente. Únicamente un pensamiento que se ha pensado a sí mismo y que busca permanencia. Se trata, eso sí, de un pensamiento obsesivo, continuo, un verdadero tirano alrededor del cual giran como satélites todos los demás pensamientos en el esfuerzo compartido de darle continuidad.

Pero cuando despierta nuestra sensibilidad dormida, cuando se abren los sentidos a LA VIDA y el corazón se recoge en la íntima belleza presentida... ¿dónde se encuentra ese tirano? ¿Qué fué del pensador que pensó los pensamientos? ¿Quién puede apropiarse de las experiencias y emociones vividas y que el tiempo quemó como la paja?

Desde luego, no había nadie; ningún ego agazapado detras de la valla de la existencia que pudiera presentarse a recoger su botín. Aquello que desde una actitud silenciosa, podía ser presentado, el insondable misterio de Ser, quedaba por entero fuera del alcance del «yo». Un estado interior carente de límites, imposible de describir. Un estado que sobrepasa cualquier estado.

Tampoco debería hablarse de un YO SUPERIOR, pues la persona cae fácilmente en la trampa del individualismo con todas sus vanidades, lo cual significa volver de nuevo a los pequeños «yoes». Cualquier experiencia supranormal, de conciencia alterada (relativamente fácil de lograr, incluso por medios mecánicos o químicos), puede ser inmediatamente utilizada por el "ego" para sobresalir, para distinguirse de los demás, parecer diferente... y convertirse en una persona o «ego muy especial».

Hay que estar, pues, muy alerta frente a una posible iluminación repentina. El verdadero trabajo interior no es más que ir descubriendo día a día que el «yo» carece de existencia real, y se caracteriza por una actitud humilde e inegoista, de desprendimiento y generosidad. La experiencia de fuegos

artificiales, que tantas veces se busca, no implica una madurez personal. LO CÓSMICO ES LO COTIDIANO, VIVIDO CON SENCILLEZ Y AFECTO, CON LA ENTREGA TOTAL DE UNO MISMO EN EL INSTANTE PRESENTE. Es la aventura sin igual de salir a la calle sin aferrarse al «yo» personal, sin creer más en él. En eso consiste la Iluminación.

Mas ahora... ¿En qué situación nos encontramos? Faltos de un «yo» ¿no caeremos fácilmente en una actitud de desesperanza, una actitud antisocial y destructiva? Sabemos que la relajación era la puerta abierta al autoconocimiento y también que el conocimiento que más importa, el que ineludiblemente nos concierne, es el conocimiento de uno mismo, pero...¿Qué significa conocerse uno mismo? Parece que ese conocimiento implica el descubrimiento de una entidad falsa, pero capaz por otra parte de poner en marcha el sistema. Si perdemos la fe en un ego que activaba tantas y tantas cosas...¿qué puede pasar ahora?

¿PODRÍA CONSTITUIR ESTO UN PELIGRO? ¿Se vendría abajo nuestra civilización, la ciencia y la cultura, al no existir ya la fe en aquel «yo» inexistente?, ¿no se irán con ello al traste los más preciados logros de la humanidad?

Mas estas consideraciones unicamente son posibles en un estado de ignorancia. Provienen del miedo del mismo "yo", o más bien, del pensamiento de un "yo" que se resiste con fuerza a la destrucción, porque no puede ni quiere reconocer su naturaleza ilusoria. Un pensamiento que busca por encima de todo permanencia, continuidad, apoyo.

Sin embargo, desenmascarado el «yo», asomado ese pensamiento a su propio vacío, aparece el sustrato real, la oculta Verdad del hombre. SAT CHIT ANANDA, SER CONCIENCIA DE LA FELICIDAD. El Ser que es Plenitud, silencio sin nombre. En un estado sin «yo» encontramos el perfume de LA VIDA. Ya no hay más la obligación de ser una cosa u otra, de aparentar, de justificarse o defenderse. Es una experiencia extraordinaria y nueva, una aventura feliz.

Es en el «yo» donde radican todos los peligros. Es el «yo» quien necesita leyes y normas, cárceles y policía, ejército y trincheras. Porque la realidad última del hombre fue olvidada

y sustituida por un «yo» imaginario, es por lo que hubo de construirse una moral que lo limitara. Para que nunca el poder de un ego pusiera en peligro la seguridad de otro ego y se dispusieran de los necesarios instrumentos de control. Cómplices todos de esta situación equivocada, tuvieron que ser creados mecanismos de defensa, sociales, religiosos o políticos.

Por el contrario ¿qué peligros podemos encontrar cuando se comienza a vivir desde lo más auténtico de uno mismo, sin la molesta presencia del idolillo de paja que había robado la corona y el cetro del verdadero rey? No, no hay ningún peligro en que la verdad se manifieste y se descubra finalmente el engaño. Un ser que está en paz consigo mismo, feliz y reconciliado con la vida... ¿qué clase de males puede provocar? ¿No constituirá, por el contrario, su actuación la medida justa y la perfecta adecuación a lo que en cada momento convenga?

Cuando nos mantenemos conectados a LA VIDA, cada respuesta que damos proviene del AMOR, de la vida total y omniabarcante y no sólo de los intereses particulares. Esa será entonces una respuesta libre, colmada de Inteligencia, donde queden armonizados y completados todos los aspectos posibles de la existencia.

> *Encuéntrese con su propio ser. Esté con su propio ser. Escúchelo. Obedézcale, ámele. Téngale sin cesar en la mente. No necesita otra guía. Mientras que la necesidad de la verdad afecte a su vida diaria, todo irá bien para usted. Viva su vida sin herir a nadie. No hacer daño es la forma de yoga más poderosa y lo llevará rápidamente a su meta. Esto es lo que yo llamo "nisarga yoga", el yoga natural. Es el arte de vivir en paz y armonía, en amistad y amor. Su fruto es la felicidad sin causa e interminable.*[1]

Se dice que el hombre, al perder la motivación de su ego ansioso, puede volverse indiferente y perezoso. De ninguna manera esto es así, pues cuando hay pereza, desinterés e indiferencia hacia problemas sociales, humanos, etc., solamente lo

---

1. Nisargadatta. Yo soy eso. E. Sirio. Málaga.

podemos atribuir al mal funcionamiento y a la perversividad de ese «yo» que tergiversa la idea más elevada para su propio beneficio, tratando de sacar tajada de todas las situaciones e interpretando a su manera y según sus intereses la más sagrada de las enseñanzas.

Así que, cuando uno se encuentra que está falto de interés, que se aisla o se vuelve indiferente, esto significa que se sigue encadenado al «yo», o bien que el cuerpo está enfermo y cansado. Pero si tenemos suficiente energía física, entonces, no es que el «yo» se haya eliminado, sino que ha aprendido a ser más astuto.

Lo que sí puede suceder es que el ser humano que ha comenzado a disfrutar de la incomparable experiencia de SER, descubre que goza de una libertad interior frente a los estímulos que anteriormente le dirigían automatizando su conducta. Ahora su acción es menos compulsiva y se ha debilitado en él la pulsión por hacer muchas cosas, por aparentar, dominar... controlar. Así que, aunque efectivamente ese modo mecánico de reaccionar va perdiendo vigencia, sí existe en cambio en la persona una disponibilidad total ante las necesidades reales que se presentan naturalmente y ante las cuales actúa con diligencia.

El «yo», ahora ya lo sabemos, no es más que un aprendizaje social, una creencia supersticiosa que ha arraigado con fuerza y que no puede ser extirpado de una vez para siempre, aun después de haberse hecho patente su naturaleza ilusoria. El «yo» aparecerá una y otra vez en su función usurpadora, pertinaz y repetitivo, buscando ser el centro alrededor del cual todo gire. Tal vez su presencia persista durante toda la vida del hombre en esta tierra, pero si éste observa y comprende su fatuidad, podrá mantenerse libre de él, apenas perturbado por sus esporádicas apariciones.

La paciente vigilancia, la simpatía hacia uno mismo y el trabajo interior constante, serán como un fuego que consumirá al fin aquel pequeño ídolo de barro y paja que habíamos supuesto ser. Sobre sus cenizas esparcidas soplará un viento nuevo de eternidad, perfumado soplo de VIDA.